행위 지향 동화교육론

행위 지향 동화교육론

오판진 지음

도서
출판 박이정

행위 지향 동화교육론

초판 인쇄 2014년 3월 3일
초판 발행 2014년 3월 7일

지 은 이 오판진
펴 낸 이 박찬익
편 집 장 김려생
책임편집 정봉선
펴 낸 곳 도서출판 **박이정**

주   소 서울시 동대문구 천호대로 16가길 4
전   화 02)922-1192~3 **팩   스** 02)928-4683
홈페이지 www.pjbook.com
이 메 일 pijbook@naver.com
등   록 1991년 3월 12일 제1-1182호

I S B N 978-89-6292-623-1 (93370)

머리말

    이 책은 구성주의 인식론과 행위 지향적 문학 교수법을 근거로 하여 새로운 동화교육 방법론을 모색한 연구이다. 구체적이고 실천적인 동화교육 방법론으로써 교육연극을 고찰하는 데 연구의 목적이 있다. 이러한 목적에 따른 논의의 초점은 다음과 같다.

    첫째, 행위 지향적 동화교육을 위한 이론적 토대를 구축하고 동화교육 방법으로서의 가능성을 모색한 후 이를 적용하는 방안을 제시하고자 한다.

    둘째, 위에서 마련한 적용 방안이 학습자의 동화학습에 어떻게 작용을 하는지 문화 기술적인 연구 방법으로 살펴봄으로써, 적용 결과와 적용 결과의 의미를 알아보고자 한다.

    이러한 논의의 초점에 따라 II장에서는 동화교육의 본질과 이를 실현하는 교육방법이 필요한 까닭에 대해 논의하였다. III장에서는 동화교육 방법으로 행위지향 동화교육에 대해 살펴보고, 이를 동화교육에 적용하는 준거를 고찰함으로써 기존의 동화교육 방법과 행위 지향 동화교육 방법이 서로 어떻게 다른지 살펴보았다. IV장에서는 행위 지향적 관점에서 교육연극을 동화교육에 적용한 실제 사례를 제시하여 교육연극 방법을 구체적으로 살펴보겠다. V장에서는 국어과 문학 영역과 관련된 선행 교수학습 모형들을 살펴보고, 개선점을 논의한 다음 행위 지향 동화 교수학습 모형을 구안하였다. 전 학년을 저·중·고로 나누어 각 단계의 특성과 교육 현장의 실정에 맞게 동화 교수학습안을 마련하고, 이를 적용하는 과정에서 사용하는 수행평가 방안도 제시하였다. VI장에서는 행위 지향적 동화 교수학습안을 서울시에 있는 B초등학교 6학년 한 학급에 적용하고, 그 적용 결과를 논의하였다.

행위 지향 동화교육은 학습자들이 동화 텍스트의 의미를 더욱 생생하고, 능동적이고, 창의적으로 구성하도록 해 준다. 그래서 학습자들은 행위 지향적 동화 교수·학습 과정을 통해서 '창의적인 국어사용 능력'을 획득할 수 있게 된다.

이 연구를 시작하고 끝낼 수 있도록 도와주신 고 황정현 교수님께 고마운 마음을 전한다. 그리고 논문 심사에서 유익한 조언을 많이 해주시고, 연구자로 잘 성장할 수 있게 늘 관심을 두고 지켜봐 주시는 엄해영 교수님과 초등국어교육의 장에서 열심히 연구할 수 있도록 힘을 실어주시고, 모범을 보여주시는 모교의 양태식, 방인태, 원진숙 교수님께도 머리 숙여 감사드린다. 그리고 이 책이 나올 수 있도록 도와주신 박이정 출판사 사장님과 편집장 및 여러 관계자님께도 큰 감사를 드립니다.

2014. 2.
오판진

차 례

교육연극과 동화교육

Ⅰ. 서 론

1. 연구 목적

제7차 국어 교과 교육과정 개정의 기본 방향은 '21세기 세계화·정보화 시대를 주도할 자율적이고 창의적인 한국인 육성'이다. 국어과 교육에서는 제7차 교육과정의 개정 방향에 따라 '창의적인 국어사용 능력 향상'을 핵심 과제로 하였다. 같은 맥락에서 문학 영역의 교수·학습은 문학 또는 개별 문학 작품에 대한 해설과 기성의 문학적 해석을 단순 수용하도록 하는 데 중점을 두지 않고, 학습자의 적극적이고도 능동적인 작품의 해석과 비평 활동을 강조하였다.

교육과정이 개정되면서 교과서에 수록되는 동화들은 여러 차례 바뀌었다. 그렇지만 동화 교수·학습 방법은 거의 변화하지 않았다. 변하지 않았다고 해서 기존의 동화 교수·학습이 모두 잘못되었다거나, 실패했다는 것은 아니다. 다만 학습자들이 살아갈 세상은 지금 성인들이 살았던 산업사회가 아니라 정보화 시대라는 점과 초등학교에 다니는 학습자들의 발달 특성은 중등 학습자들이나 어른들과 다르므로 이를 고려한 동화 교수·학습 방법이 필요하다는 것이다. 제7차 교육과정에서 제시하고 있는 국어과 문학영역 교수·학습 방법은 학습자가 개별 작품을 자신의 삶과 관련지어 심미적 상상력과 건전한 심성을 계발하고 바람직한 인생관과 세계관 형성을 돕도록 하는 활동이다. 그러나 이러한 교수·학습 활동을 학교 현장에서 구현하도록 하는 교수·학습 방법에 관해서는 구체적이지 못해 이에 대한 보완이 필요하다.

학습자가 동화를 읽는 과정은 고도의 지적 기능이 요구되는 추상적인 과정이다. 그러나 학습자가 이를 수행하는 과정은 수업 시간에 구체적인 행위를 통해 표현되는 실천적인 과정이다.

초등학교 학습자들이 문자 언어로 기록되어 있는 동화를 학습할 때 '축어적 이해' 수준에서 학습하는 것은 동화를 교육하는 본래 취지에 맞지 않는다. 학습자들이 동화를 통해 심미적 상상력과 건전한 심성을 계발하고 바람직한 인생관과 세계관을 형성하기 위해서는 동화에 대한 축어적 이해를 지향해서는 곤란하다. 학습자 스스로 구체적인 조작 활동을 통해서 직접 경험에 가까운 학습 활동을 할 수 있어야 한다.

이에 이 글에서는 학습자들이 동화를 축어적으로 이해하는 수준을 넘어서서 동화를 학습자 자신의 삶과 관련지어 심미적 상상력과 건전한 심성을 계발하고 바람직한 인생관과 세계관을 형성할 수 있게 하려고 교육연극[1])을 동화 교수·학습 방법으로 적용하는 방안을 살펴보고자 한다. 이 글에서 지향하

---

1) 황정현 교수는 '총체적 언어교육 방법론으로서의 교육연극의 이해'(한국초등국어교육 15집)에서 다음과 같이 정의하고 있다. 교육연극은 1960년대 중반 영국에서 연극적 기법들을 교과교육에 활용하고자 시도되었다. 이것은 각 교과 교육 영역에서 연극학의 이론, 방법과 그 창의적인 잠재력을 활용하는 하나의 학제간 통합 교과 교육학으로써 현재는 영국, 프랑스, 독일, 미국, 캐나다, 남미, 스칸디나비아 반도 그리고 동부 유럽, 오세아니아, 아프리카, 아시아 등지에서 아동, 청소년 교육에 적극적으로 활용하여 교육적 효과를 얻고 있다. 이들 나라에서는 유치원과 초·중·고교에서 교육연극을 정식 학과목으로, 대학에서는 학부의 전공과목으로 개설하고 석·박사 과정을 두어 현재 많은 교육연극 전문가들을 배출하고 있다. 나라마다 교육연극에 대한 명칭들이 다르나 일반적으로 Drama in Education(D·I·E), Theatre in Education(T·I·E), Educational Drama 등으로 나타낸다. 우리나라에서도 기존의 '극화 학습'이나 '역할극'과 같은 기법들을 학습 방법의 하나로 활용해 왔다. 그러나 이것들은 수많은 교육연극의 기법들 중 하나일 뿐이다. 따라서 학제간 통합교과교육학적 체계를 바탕으로 한 이론이나 방법론과 유기적인 관계를 갖지 못한 한계를 지니고 있다. 그리고 기존의 '연극교육'이란 개념은 말 그대로 '연극을 위한 교육'이라는 점에서 교육연극의 '교육을 위한 연극'이란 개념과는 변별된다. 따라서 이러한 변별성을 기초로 '교육연극'이란 용어를 사용하고자 한다.

는 목적은 다음과 같은 두 가지 항목이다.

첫째, 교육연극을 동화교육에 적용하기 위한 이론적 토대를 구축하고, 동화교육 방법으로서의 가능성을 모색한 후 이를 적용하는 방안을 제시하고자 한다.

둘째, 위에서 마련한 적용 방안이 학습자의 동화 학습에 어떻게 작용을 하는지 문화기술적인 연구 방법을 통해 살펴봄으로써, 그 적용 결과와 의미를 알아보고자 한다.

2. 선행 연구 검토

동화교육과 관련된 선행 연구들을 살펴보면, 동화의 교육적 가치에 관한 연구, 교과서에 수록된 작품의 실태를 분석한 연구, 동화의 환상성 연구, 동화를 통한 창의성 계발에 관한 연구, 동화 지도 방법에 관한 연구와 같은 선행 연구들이 있다. 이 글은 동화교육 방법에 관한 연구이므로 동화교육 방법에 관한 연구들을 살펴보면 다음과 같다.

이민자(1996)는 '한국 전래동화를 통한 창의성 계발에 관한 연구'를 하였다. 연구자가 사용한 방법은 창의적인 동작 활동이며, 그것은 스스로 끊임없이 풍부한 상상력으로 몸을 움직이는 것을 말한다. 여기에서는 동작 교육의 방법을 크게 두 가지로 나누었는데 기본 동작을 탐색하고 실험해 보는 신체적 접근 방법이 하나이고, 이 방법보다 창의적인 동작 표현을 강조하는 극적 접근 방법이 또 하나이다. 극적 접근 방법은 환상과 상상이 중요하며 창의성과 상상력을 증진하기 위한 것으로 표현, 확장, 상상, 창작이 있으며, '-처럼 되어 보기(Being as if)'[2]와 같이 상상력을 중심으로 다양한 동작을 유도하고 자극

---

2) '-처럼 되어보기'는 교육연극의 핵심적인 아이디어 중 하나이며, 다른 어떤 것으로 존재를 변환시키는 것이고, 살아있는 우리 자신, 그리고 우리와 함께 존재하는 것 이 두 가

하는 것을 강조하고 있다. 가상의 상황 속에서 활동한다는 것은 무의미한 허구일 수도 있다. 그러나 교육연극에서 설정하는 '-처럼 되어 보기' 상황은 교육에 대한 면밀한 고려를 통해 의도된 것이기 때문에 자발적인 놀이가 갖는 무목적성을 벗어날 수 있다. 이민자는 창의적인 동작 활동을 검증한 결과 언어적 창의성은 통계적으로 유의미한 차이가 나타났고, 동작적 창의성에서는 유의미한 차이가 나타나지 않았지만, 평균 점수보다 높은 증가가 나타났으며 창의성의 하위 변인인 유창성, 융통성에서 통계적으로 유의미한 결과가 나타났다. 결국, 창의적인 동작 활동을 통해 동화를 공부하면 학습자들은 신체를 사용하여 머릿속의 상상을 불러일으키고, 그것을 해석하며 몸을 움직이는 연속적인 동작을 통해 창의성을 발전시키는 것이다. 하지만 학교 현장에서 창의적 동작 활동을 하는 데에는 많은 어려움이 있다. 이를 해결하기 위해서는 첫째, 구체적인 교수 방법이 제시될 필요가 있고, 둘째, 장기적인 후속 연구가 요망된다고 했다. 이 논문에서도 지적하고 있는 것처럼 창의적인 동작 활동의 구체적인 교수 방법 계발은 동화교육 방법을 다양화 할 뿐만 아니라 동화교육의 목적을 성취하기 위해 꼭 필요한 것이다.

김명실(1998)은 '이야기 활동을 통한 창의성 계발에 관한 연구'를 하였다. 이야기 활동이란 이야기 들려주기와 즉흥극 활동[3]을 말한다. 이야기 활동의 효과를 검증하기 위해 통제 집단, 실험 집단 I (이야기 들려주기), 실험 집단 II (즉흥극)을 구성하여 실험한 후 세 집단 간의 차이를 살펴보고 다음과 같은 결론을 얻었다. 이야기 들려주기 및 교육연극 활동은 아동의 창의성 계발에 긍정적인 효과를 미친다. 특히 단순히 이야기만 들려주는 것보다는 이야기를

지가 함께 작용하기 위해서 실제적인 것을 가상의 것으로 바꾸는 것이라 할 수 있다. Richard Courtney. Play, Drama & Thought. Simon & Press. 1989. p.14.
3) 연구자가 사용한 즉흥극 활동(Improvisation)이란 용어는 캐나다의 교육연극 학자인 Richard Courtney가 정의한 교육연극의 한 범주를 가리키는 말이다 Richard Courtney, 1989, p.26.

바탕으로 펼치는 교육연극 활동이 아동의 창의성 계발에 더 큰 효과를 미치는 것으로 나타났다. 따라서 교사는 동화를 가르칠 때 분석적 방법 중심으로 가르칠 것이 아니라, 이야기 활동을 통한 살아 있는 학습 과정을 통해서 학습자 스스로 자신의 문제를 해결할 수 있도록 도움을 주어야 한다. 김명실의 논문은 동화교육의 방법으로 지금까지 이루어졌던 분석적인 방법에 관해서 전면적으로 부정하는 것이 아니라, 분석적인 방법에 이야기 들려주기(구연동화)와 교육연극 활동을 교수·학습 상황에 맞게 적절히 사용할 것을 제안했다고 보는 게 타당하다. 그리고 이야기 활동이 학습자의 창의성 발달에 얼마나 효과적인지를 밝힘으로써 이야기 활동 특히 교육연극을 동화교육의 방법으로 활용할 것을 주장하면서 다양한 장르의 이야기를 소재로 한 교육연극 방법들을 개발해야 한다고 제안했다. 결국, 이 논문은 교육연극 방법의 효과를 검증하고 이에 대한 연구의 필요성을 제기했다는 점에서 의의가 있다고 할 수 있다.

정옥주(1997)는 '동화를 통한 탐구활동이 유아의 창의성에 미치는 영향에 대한 연구를 하였다. 동화를 통한 탐구 활동의 경험이 유아의 창의성과 창의성의 하위 요인인 독창성, 유창성, 융통성을 증진하는 효율적인 지도 방법이고, 동화 수업 과정에서의 문제 해결 경험은 문제 해결력 증진을 위한 효과적인 지도 방법의 하나라고 말했다. 그리고 동화의 기본 활동을 동화 듣기 활동으로만 제한하지 말고 동화를 통한 문제 해결 활동으로 연결해 활동이 이루어지도록 해야 한다고 제안하고 있다. 이 논문에서는 동화 교육의 방법을 다양하게 함으로써 학습자들이 탐구 활동 경험을 많이 할 수 있어야 한다고 했다. 이를 위해 동화 듣기 활동 외에 다른 동화 교육 방법론이 필요하다는 주장을 하고 있다.

이재옥(1999)은 구조 분석을 통한 동화 지도 방법에 관한 연구를 하였다. 이 논문은 초등학교 현장에서 동화교육을 할 때 새롭고 다양한 지도 방법론이 필요하다는 현실 인식에서 출발하였다. 동화교육 방법을 다양하게 하려고 노력한 논문이다.

동화교육 방법에 관한 논문은 아니지만 시교육 방법론에 관한 이수동 (1998)의 연구는 시사하는 바가 크다. 이수동은 연극적 방법(Drama in Education을 중심으로 함)을 시교육에 적용하기 위한 이론적 토대를 마련하여 시교육 실천 이론으로서의 가능성을 모색한 후 그 적용 방안을 제시하고 있다. 기존의 시교육은 교사·작품 중심의 문학 교육관을 크게 벗어나지 못하고 있으며, 시의 내용 파악이나 표현 살피기와 같은 이해 감상 위주의 활동에 치우치고 있다고 지적했다. 그리고 세계를 통일적으로 인식하고 상상력을 기르는 데에 필요한 표현 활동의 필요성을 제기한 후 초등학교 현장에서 교사들이 쉽게 적용할 수 있는 교수·학습 방법으로 교육연극 방법을 제시했다.

위에서 살펴본 논문 이외에도 동화교육 방법과 관련된 논문들은 많이 있다. 다양한 관점에서 동화교육 방법에 관해 연구한 논문들이다. 그러나 초등학교 현장에서 쉽게 사용할 수 있는 구체적인 동화교육 방법에 관한 연구는 미흡한 실정이다.

교육연극 방법이 동화교육에 긍정적인 영향을 미친다는 것은 이론적으로뿐만 아니라 실증적인 연구를 통해서도 증명되었다. 그렇지만 이를 구체적으로 실현하는 방법론은 앞으로 연구되어야 할 과제로 남아 있다. 외국에서 이루어진 연구들을 살펴보면 초등교육은 물론 유아교육[4], 중등교육[5], 성인교육, 특수교육[6] 등 다양한 분야에서 교육연극을 통한 지도 방법과 사례들이

---

4) 日本演劇敎育聯盟 編集(1990), 『演劇と敎育』第2月号, 晩成書房.
　　日本演劇敎育聯盟 編集(1990), 『演劇と敎育』第1月号, 晩成書房.
　　日本演劇敎育聯盟 編集(1989), 『演劇と敎育』第12月号, 晩成書房.
　　日本演劇敎育聯盟 編集(1984), 『演劇と敎育』第10月号, 晩成書房.

5) King N, Storymaking & Drama: An approach to Teaching Language & Literature at the Secondary & Postsecondary Levels, Postmouth NH: Heineman, 1993.

6) Gertrud Schattner & Richard Courtney(1981), Drama in Therapy(volume Ⅰ:

연구되었다. 외국에서 먼저 연구한 방법이라는 이유로 무조건 배척하거나, 무조건 추종하는 일은 없어야 할 것이다. 우리나라 교육 발전에 도움이 된다면 이를 주체적인 입장에서 적극적으로 활용하는 자세가 필요하다.

3. 연구 방법 및 범위

가. 연구 방법

이 연구는 구성주의 인식론과 행위 지향적 문학 교수법을 근거로 하여 동화교육 방법론을 찾고자 하는 연구이다. 그리고 구체적이고 실천적인 동화교육 방법론으로써 교육연극 방법을 사용하였다.

이 연구의 Ⅱ장에서는 동화교육의 본질과 이를 실현하기 위한 교육 방법이 필요한 까닭에 관해 논의해 보았다.

Ⅲ장에서는 동화교육 방법으로 행위 지향 동화교육에 관해 살펴보고, 이를 동화교육에 적용하는 준거를 고찰함으로써 기존의 동화교육 방법과 교육연극 방법을 적용한 동화교육 방법이 서로 어떻게 다른지 탐구하였다.

Ⅳ장에서는 교육연극을 동화교육에 적용한 실제 사례를 제시하여 교육연극 방법을 구체적으로 살펴보았다.

Ⅴ장에서는 교육연극 방법을 적용하기 위한 동화 교수-학습 모형을 설계하기 위해 여러 교수-학습 모형을 살펴보았다. 검토한 교수-학습 모형에 따라 동화 교수-학습에 교육연극 방법을 적용하여 실제로 지도할 수 있는 교수-학습 모형을 만들었다. 이 모형을 근거로 하여 초등학교의 여섯 개 학년을 저·중·고로 나누어 각 단계의 특성과 교육 현장의 실정에 맞게 동화 교수-학습

Children) NY: Drama book specialists.

Gertrud Schattner & Richard Courtney(1981), Drama in Therapy(volumeⅡ: Adults) NY: Drama book specialists.

안을 만들었으며, 이를 적용하는 과정에서 사용할 수 있는 수행평가 도구도 제시해 보았다.

VI장에서는 교육연극을 적용한 동화 교수학습 안을 서울시에 있는 B초등학교 6학년 한 학급에 적용하고, 그 적용 결과에 관해 논의하였다. 동화교육 방법으로 교육연극을 적용하는 과정을 살펴봄으로써 적용하면서 나타나는 문제점이나 장점, 유의점에는 무엇이 있는지 살펴보았다.

나. 연구 범위

첫째, 이 연구는 교육연극을 적용한 실천적 동화교육 방법론에 대한 연구이다.

둘째, 이 연구는 동화교육 방법론을 모색하기 위한 연구로써 동화교육의 교수학습 방안을 새롭게 제안하는 데 의미가 있다.

셋째, 이 연구에서 논의하고 있는 동화는 전래동화와 창작동화이며, 실제로 지도 내용도 전래동화와 창작동화를 고루 사용하였다.

넷째, 본 연구에서 다루고 있는 동화는 저학년 1편, 중학년 2편, 고학년 3편으로, 학년에 따라 편수를 늘려 임의로 선정하였고, 교과서 밖의 동화도 선정하여 학년별 편중을 피했으며, 동화 적용의 범위를 넓히고자 하였다. (단, 전래동화, '은혜 갚은 까치'는 여러 가지 형태의 교육연극 방법으로 적용한 것을 제시하기 위해 실제 적용한 사례를 제시하였다.)

4. 용어 정의

이 연구에서 사용되는 주요 용어에 대한 정의는 다음과 같다.

(1) 교육연극 : 교육과 연극에 대한 안목을 가지고, 국어과를 비롯한 모든 교육과정에 연극적 기법을 사용하여 교육 활동을 수행하는 것을 말한다. '교육연극'은 'Educational drama'를 우리말로 표현한 것이다. 교육연극이 널리 사용되고 있는 영국과 미국에서는 이 용어를 더욱 세밀하게 구분하고 있다. 즉, 'Drama in Education(영국의 일반적인 용어)', 'Creative Drama(미국의 일반적인 용어)'와 같은 용어를 사용하고 있다. 교육연극은 '만약 - 인 것처럼'과 같은 학습자의 은유적 사고 능력을 근거로 전인적인 성장과 발달을 촉진하기 위해 연극을 통해 가르치는 것을 말한다.

(2) 구성주의 : '실재' 혹은 '현실'이라는 것은 '인식주체(the knower 또는 the cognitive subject) 또는 관찰자(the observer)가 자신의 현실에서의 경험적, 인지적 활동을 통하여 구성한 것'이라는 인식론적 이론을 말한다.[7]

(3) 행위 지향 : 학습자가 인지적 차원에서 독창적으로 텍스트의 의미를 구체화할 뿐만 아니라 텍스트와 더불어 서술적, 시각적, 음악적, 유희적 차원에서 여러 가지 독자적인 행위를 수행하는 것을 지칭하는 말이다. 이 용어는 문학 교육에서 독자 지향, 생산성, 능동적 의미 구성, 자율적 변경, 참여, 자율성 등을 포괄하는 총체적 개념이라 할 수 있다.

(4) 문화기술법 : 주로 참여 관찰과 심층 면담으로 사회적 현상의 '맥락'을 파악하여 그 맥락 속에서 현상의 의미를 이해하는 것을 목표로 하는 문화인류학의 연구 방법을 말한다. 질적 연구, 민속지학, 미시적 기술 연구 방법, 참여 관찰 방법, 사례 연구, 현장 연구와 같이 다양한 용어로도 사용된다.

---

7) 강인애, 구성주의와 교과교육, 문음사, 1999, p.3.

Ⅱ. 동화교육의 본질과 교육 방법

동화교육에는 학습자들이 동화의 본질에 다가가도록 하기 위한 방법론적인 측면이 있다. 동화교육에 대하여 논의할 때에는 동화교육의 본질에 대한 구명(究明)과 함께 동화의 본질을 잘 드러낼 수 있는 동화교육 방법론에 대한 모색이 함께 이루어져야 한다. 본 장에서는 동화교육의 본질이 무엇인지 알아보고, 이를 실현하기 위한 동화교육 방법에 관해 살펴보겠다.

1. 동화의 본질

동화는 시대와 지역, 해석자에 따라 다양하게 정의되어 왔다. 여기에서는 동화에 대한 다양한 규정을 토대로 동화의 본질을 고찰하고자 한다. 먼저 동화의 발생론적 측면을 살펴보고, 동화가 현재와 같은 문자 중심·텍스트 중심으로 정착되는 과정을 살펴보고자 한다. 또한, 동화에서 독자의 의미와 동화에서 다루고 있는 동심이란 무엇인지에 관해 고찰하고, 마지막으로 동화에서 추구하고 있는 환상(Fantasy)의 의미를 교육연극과 관련지어 살펴보겠다.

첫째, 동화는 어떻게 발생하였는가? 동화의 발생은 일반적으로 신화시대까지 거슬러 올라간다. 동화는 신화, 설화, 민담과 같은 옛이야기가 전승자들의 입을 통하여 후대로 전해지는 과정에서 발생했다. 전래동화의 생산과 전승을 담당했던 사람들은 어린이들과 함께 살았던 부모, 조부모, 이웃 사람들이었다. 그들은 자신이 들었거나 상상한 이야기를 말과 표정, 몸짓을 통하여 어린이들에게 전해 주었다. 이러한 전승 과정을 통해 어린이들은 어른들과 자연스럽게 교류할 수 있었다. 동화 내용만 듣는 것이 아니라 동화를 통해 즐거움, 상상력, 언어사용 기능, 가치관 형성, 민족 문화에 대한 이해와 같은 것들을 함께 학습했다. 그러나 문자가 사용되기 시작하자 입으로 전승되던 전래동화의 전승 방식은 차츰 변하게 되었고, 동화는 생활 속에서 말과 표정, 몸짓을 통해 들려주고 듣는 교류의 과정이 아니라 책을 통해 일방적으로 읽는 전달의 과정이 되었다. 방정환을 비롯하여 많은 아동문학가가 되살리려고 했던 동화구연은 동화가 구전되는 과정에서 존재했던 교류의 과정을 회복하려는 노력이었으며, 어린이에 대한 사랑의 표현이었고, 더 나아가 민족정신을 회복시키려는 뜻깊은 활동이었다. 얼굴을 맞대고 입으로 이야기를 들려주는 과정에서는 화자와 청자에 따라 동화의 내용이 자연스럽게 바뀔 수 있었다. 동화는 전해지는 이야기 그 자체뿐만 아니라, 이야기를 누리는 화자와 청자의 생각과 느낌도 중요한 부분이기 때문이다. 그러나 동화가 문자로 정착되면서 동화 작가와 동화 텍스트의 위상은 변하지 않는 절대 권력과 같은 것이 되었다. 결국, 발생론적 측면에서 본 동화의 본질은 문자언어로 정착된 동화 내용만이 아니라 '문자언어로 기록된 동화 내용과 음성언어, 몸짓언어까지 포함한 생생하게 살아있는 삶에 대한 총체적인 의미 교류 과정' 그 자체이다.

둘째, 동화는 '아동'이라는 특수한 대상을 전제로 만들어진 이야기이다. 독자층이 특수하다는 점은 동화를 이해하는 데 매우 중요한 부분이다. 동화는 어린이를 대상으로 하므로 어린이들의 신체적, 정서적 발달 단계를 고려하여야 한다. 발달 단계에 어울리는 동화의 길이, 등장인물의 수, 구성의 복잡성, 갈등의 내용과 같은 것들이 포함되어야 한다.

셋째, 동화는 인간의 원형적 심상인 동심을 반영하고 있다. 동화는 분열과 갈등의 세계에서 화해와 조화를 모색하며 사물과 의식, 세계와 자아의 통합을 시도한다. 그리고 동화는 아동 특유의 심리 상태인 동심으로 바라본 세계를 그리는 이야기이다. 아동문학가인 이원수도 "동화는 동심의 세계에서 만들어져야 하며 그것은 동심을 떠나서는 안 된다."[8]라고 주장하고 있는데 같

---

8) 이원수, 아동 문학 입문, 웅진출판, 1988, p.264.

은 맥락이라 할 수 있다. 그런 의미에서 자아 정체성의 상실, 진정한 사랑의 상실과 생명의 사물화, 자연의 상실을 회복할 수 있는 것은 동심의 회복과 밀접한 관련이 있다. 따라서 동화의 본질에 관해 이해하기 위해서는 동심을 이해해야 한다.

앞에서 말한 인간의 원형적 심상인 동심은 철학적 관점에서는 아리스토텔레스가 말하듯이 형상으로서의 사물의 고유한 본질이 물질 그 자체 속에 있고, 이념의 영역에 속하지 않는다는 것을 의미한다. 그의 형상론에 따르면 모든 물질은 그 속에 놓여 있는 형상 즉, 자신의 고유한 현실성(Reality)을 달성하려고 노력한다는 것이다. 따라서 형상적 현실성은 자연물의 고유한 본질 형식을 위한 인식 가치를 지닌다. 말하자면 동심은 어린이들만이 가지고 있는 독특한 심리적 특징이 아니라 모든 인간이 지니고 있는 원형적 심상이다. 다만 인간은 성장해 나가면서 특수한 환경과의 접촉에서 동심의 밀도가 희박해진다는 것이다. 우리가 흔히 인간성의 상실이라고 하는 것은 그만큼의 동심을 잃어가고 있다는 것을 의미하기도 한다. 그런 의미에서 동심은 분열과 갈등의 세계를 화해와 조화를 통해서 의식과 무의식, 세계와 자아의 통합을 시도하는 전 인격적인 실체를 이루는 인간의 원형적 심리이다.

이러한 동심을 대상으로 하는 동화는 일차적으로 동심이 풍부한 어린이들을 대상으로 한다는 점에서 이론의 여지가 없다. 그렇지만 동화는 어린이들만의 문학도 아니다. 동화는 성인들에게 잃어버린 천상계의 논리를 환기해주는 중요한 역할을 하기 때문이다.

동화에 표현되고 있는 시공을 초월한 무한한 우주 공간과 자연 현상은 객관적 대상으로서의 것이 아니라 인간의 심연에 내재해 있는 원초적인 세계로 동화적 상상력을 통해서만 인식 가능한 초논리적이며, 초인지인 세계인 것이다. "그런 의미에서 우리가 이해하고 있는 동심은 단순히 어린이들에 의해 인식되는 것이 아니라 인간이면 누구나 마음속 어딘가에 살아남은 어린이적 요소를 뜻한다."[9] 이것은 동화가 이중적 독자 수용 구조로 되어 있는 것을 의미한다.

어른들은 이러한 동심을 상실한 사람들이다. 그러나 어른들도 어렸을 때는 동심을 가진 아이였다. 다만 현실적 삶을 살아가면서 동심을 잃어버리고 그 흔적만을 지니고 있을 뿐이다. 우리가 흔히 말하는 '어린이는 어른의 아버지'라고 하는 말은 어린이를 통해서 잃어버린 동심의 흔적을 찾을 수 있다는 뜻이다. 동심은 단순히 어린이의 마음을 지칭하는 것이 아니라 인류가 모두 지녀야 할 원형적인 심리 상태이다. 동화는 시적 상상력을 바탕으로 구성되는 이야기이며, 원형적 이미지가 살아 있어야 한다. 동화 속에 사실주의의 세계가 그려질 때에도 이 원칙은 항상 적용된다.

넷째, 동화는 환상을 추구하는 문학 형식이다. 동화 대부분은 현실적인 생활 묘사와 함께 시간과 공간을 초월하는 꿈이나 환상의 세계를 도입하고 있다. 동화의 뿌리인 신화, 설화, 민담과 같은 구비문학은 상상을 통해 만들어진 것이다. 동화가 환상을 추구하는 상상력의 소산인 까닭에 동화 속에는 시적인 정서, 신비로운 분위기가 나타나는 것이다. 동화의 특질을 이루는 '판타지(Fantasy)' '물활론(Animism)', 혹은 자연의 유의식론(Animatism) 등은 단순한 동화 창작 기법만이 아니라 동화의 본질을 구현하는 일종의 세계 인식의 방법이기도 하다.

어린이는 심리적으로 애니머티즘(Animatism)과 애니미즘(Animism) 세계에서 자기를 둘러싼 세계와 끊임없이 이야기를 주고받기를 원하며, 현실 생활에서 이룰 수 없는 현상까지 환상적으로 그려보기도 하고 그것을 현실보다 더 가깝게 느끼기도 한다. 어린이가 속한 현실 세계는 기본적으로 성인에 의한 것이며, 그 속에서 어린이는 때때로 소외되고 그 현실 세계의

---

9) 칼빈, S, 홀 저, 백상창 역, 프로이트 심리학 입문, 문예출판사, 1993, p.11.

법칙을 이해하지 못기도 한다. 어린이는 현실 세계와 겪는 충돌과 갈등을 자기들만의 세계-자신들이 생각하는 법칙이 통용되고 자신들이 소외받지 않는를 구축함으로써 극복하려고 한다. 따라서 동화에서 다루어지는 환상은 현실과 동떨어진 것이 아니며, 현실의 문학적인 미화라고도 할 수 있다.[10]

결국, 동화는 '문자언어로 기록된 동화 내용과 음성언어, 몸짓언어까지 포함한 생생하게 살아있는 삶에 대한 총체적인 의미 교류 과정'이며 '아동이라는 특수한 독자층을 대상으로 하는 동심을 반영하고 있는 이야기'이며, '판타지라는 원리를 추구하는 문학'이라고 할 수 있다.

2. 동화교육의 개념

학습자들은 문학작품을 읽으면서 자신의 생활 경험과 이해를 바탕으로 문학텍스트의 의미를 재창조한다. "학습자들은 문학을 통해서 말하고 듣고 읽고 쓰는 모든 일이 높은 수준으로 나아갈 수 있으며, 언어가 전하는 사실수준의 이해와 추리와 상상 그리고 비판 수준의 이해와 창조도 문학을 통해서 높은 질을 확보할 수 있다."[11]

그러나 우리는 문학이 지식으로 인해 화석화되고, 학습자에게는 흥미 없는 과목이 되어 가고 있다는 것을 알고 있다. 동화 역시 마찬가지이다. 학습자들은 학교에 입학하기 전에 동화에 흥미를 느끼고 자연스럽게 동화를 즐겼다. 그러나 초등학교에 입학한 후에는 독후감을 쓰기 위해서나, 국어 교과에서 동화 내용이 무엇인지 파악하는 활동 중심으로 동화를 공부하기 때문에 학습자들은 동화에 대한 흥미를 점차 잃게 되었다. 물론 학습자들의 발달 과정에 따라 학습자들이 누리는 문학의 유형이 변화하는 것도 사실이다. 그렇지만

---

10) 김명희, 한국 동화의 환상성 연구, 전주대학교 대학원 박사학위 논문, 2000, p.17.
11) 김대행, 국어교과학의 지평, 서울대학교출판부, 1995, p.313.

동화를 누리는 시기에 있는 학습자들이 동화 읽기를 좋아하지 않는 이유는 줄거리 파악, 인물의 성격 분석, 주제 파악과 같은 동화 내용 중심, 교사 중심으로 동화를 학습하도록 하기 때문이다. 최경희도 동화교육에 관해 다음과 같이 언급함으로써 동화교육에 대한 반성이 필요하다고 했다. "동화 교재의 지도는 지적 이해보다는 작품을 통해 공감하고 미적 정서로 느끼게 하는 감상이 중심이 되어야 한다고 생각한다."[12] 결국, 학교의 동화교육은 학습자들이 동화를 지적 이해의 대상으로 대하는 것이 아니라 생활 속에서 누리는 문학 작품으로 대할 수 있도록 이끌어주는 교육이 되어야 한다.

동화교육의 문제점을 해결하기 위해서 동화교육에 대한 인식 전환이 필요하다. 동화교육에 대한 근본적인 물음으로 돌아가서 자세하게 살펴보지 않을 수 없다.

첫째, 동화교육이란 무엇인가?
둘째, 학습자들은 어떤 조건에서 동화를 즐기는가?

첫 번째 질문에 대한 답은 단순하지 않다. 그것은 '동화교육'의 개념을 어떻게 정의할 것인가 하는 것이다. 즉, '동화를 위한 교육'을 할 것인지, 아니면 '동화에 의한 교육'을 할 것인지 하는 문제다. '동화를 위한 교육'의 개념을 여기에서는 '동화에 관한 교육'으로 정의하고자 한다. 이것은 교육의 대상을 동화의 내용에 두고 학습자들로 하여금 동화의 내용을 이해하고 감상하도록 교육하는 것을 의미한다. 그리고 '동화에 의한 교육'은 '동화를 통한 교육'으로 정의하고자 한다. 이것은 학습자들이 동화의 내용을 여러 가지 활동으로 구성하거나 재구성하는 과정에서 동화의 내용을 더욱 깊이 이해하고 표현하

---

12) 최경희, 동화의 교육적 응용에 관한 연구, 한국교원대학교 대학원 박사학위 논문, 1993, p.161.

게 한다.

동화교육을 이렇게 크게 두 가지로 나누는 이유는 같은 동화를 교육하더라도 교육방법에 따라 차이가 나기 때문이다. 전자는 동화의 내용을 교사 중심으로 교육하는 것이다. 교사는 내용을 설명하고 학습자는 그 내용을 이해하고 감상하는 것이다. 후자는 동화의 내용을 학습자 중심으로 학습하는 것을 말한다. "다양한 예술적 매체를 통하여 직접 활동하게 하여 동화를 이해하고 감상하는 것뿐만 아니라 신체적, 회화적, 음악적 표현 활동으로 동화의 내용을 직접 경험하게 하는 것이다."[13]

구성주의 입장에서 학습의 개념을 살펴보면 동화교육의 본질을 실현할 수 있는 방법론은 후자라고 할 수 있다. 여기에서는 이를 중심으로 논의를 전개하고자 한다. 앞에서 논의한 동화의 개념에서 동화가 '문자언어로 기록된 동화 내용과 음성언어, 몸짓언어까지 포함한 생생하게 살아있는 삶에 대한 총체적인 의미 교류 과정'임을 살펴보았다. 동화의 개념을 문자언어로 기록된 동화 내용에서만 찾는다면 '동화를 위한 교육'을 중심으로 동화교육의 본질을 추구해야 할 것이다. 그렇지만 '동화를 위한 교육'이 동화교육의 본질과 정반대 위치에 있다는 것은 아니다. 단지 교육 현장에서 동화의 내용을 지식 중심으로 다루다 보면 동화교육의 본질로부터 멀어지고, 그 결과 문제점이 생긴다는 것이다. 따라서 '동화에 의한 교육'은 '동화를 위한 교육'과 반대 관계에 있는 것이 아니라 '동화를 위한 교육'을 포함하는 변증법적 관계에 있는 것이다.

두 번째 질문에 관해 살펴보자. 학습자들은 무엇을 공부할 때 주어진 활동에 진정으로 흥미를 느끼면 가장 잘 배울 수 있다. 그리고 외부적인 보상이나 처벌보다는 내적 필요, 놀라움, 호기심과 같은 내적 자발성이 있을 때 가장 효과적으로 배운다. 일반적으로 보상이나 처벌의 효과는 오래가지 않는다.

---

13) 황정현, 비언어적 활동을 통한 동화교육 방법론, 『한국초등교육』 제11권 제2호, 서울교육대학교, 2000, pp.84-85.

그러나 학습자들이 '주어진 활동에 진정으로 흥미를 느끼게' 하느냐 하는 문제는 간단한 문제가 아니다.

내적 자발성을 토대로 한 동화교육은 무엇보다도 어린이들의 특성을 고려한 방법이어야 한다. 어린이들은 역동적이며 끊임없이 움직이는 것을 좋아하는 특성이 있다. 이런 활동적 특성은 어린이 고유의 특성이며, 어린 시절에 어떤 활동을 하느냐에 따라 신체적, 정신적 발달은 큰 영향을 받는다.

> 움직임 활동은 언어 능력을 촉진하고 창의성을 키우며 억눌린 에너지를 풀어주고 신경 계통에 영양분을 준다. 그래서 아이들로 하여금 언어 없이도 감정을 계발하고 표현 수 있게 해 준다. 평상시 잘 말하지 않는 아이들은 움직이면서 자기 생각을 발견하고 그런 다음 자신의 경험에 대해 이야기함으로써 움직임을 언어적 표현을 위한 자신의 통로로 사용할 수 있다.[14]

이처럼 아동들의 움직임은 단순한 신체적인 활동이 아니라 정신적 활동과 연관된다. 따라서 다양한 움직임 활동은 언어적 표현이 부족하거나 잘하지 못하는 아동들에게 있어 표현 능력을 향상하는데 도움을 준다. 그리고 이 활동은 표현 능력과 직결되는 상상력을 신장하는 데 필수적이다. 프랑스에서는 언어교육을 할 때 "언어적 의사소통을 구사할 수 있는 전 단계로 비언어적 의사소통을 중요시"[15]하는데 이런 이유 때문이다.

아동들의 특성 중에는 움직임 특성 외에도 놀이적 특성이 있다. 놀이는 가상적 상황에 몰두하여 스스로 의미를 찾아가는 과정이다. 이런 점에서 놀이는 자신이 맡은 소임에 따라 가상적 상황에 몰입하기 위해 민감하게 반응하고 상상력을 동원하게 된다. 그리고 놀이는 아동들로 하여금 '주어진 활동

---

14) 낸시 킹 저, 황정현 역, 창조적인 언어사용 능력을 위한 교육연극 방법, 평민사, 1998, pp. 187-188.
15) 석용원, 유아동화의 구연동화, 학연사, 1989, p.311. 재인용.

에 진정으로 흥미를 느끼게' 한다. 결국, 아동들의 이러한 특성을 활용하여 동화를 교육하면 단순히 문자 언어적 차원에서 접근하는 것보다 훨씬 효과가 큰 것이다.

동화교육은 동화작품을 위한 교육 즉, 단순한 문자 언어적 지식을 위한 읽기 자료로서가 아니라 동화작품에 의한 교육 즉, 동화작품을 매개로 음성 언어와 몸짓언어를 포함한 다양한 방법을 적용해서 실시해야 한다. 이러한 방법을 통해서 학습자의 의식에 잠재된 상상력을 계발하고, 세계에 대한 예민한 감수성을 배양하여 환경과의 접촉에서 현상을 넘어 본질을 인식하게 하는 방향으로 나아갈 수 있도록 해야 한다.

3. 동화교육에서 다양한 매체 활용의 필요성

문학 내용을 전달하는 매체는 몸짓언어, 음성언어, 문자언어, 이미지언어로 변화하였다. 이와 함께 문학 교육방법도 시대에 따라 달라졌다. 디지털 문화가 지배적인 오늘날, 동화교육의 본질을 구현하기 위해서는 지금까지 사용한 문자언어 중심의 방법만이 타당한가 하는 문제가 제기될 수 있다.

지금까지 우리는 말과 글을 통해 자기 생각과 느낌을 전달했지만 이제는 이미지를 통해 삶을 표현하고 경험하는 시대가 되었다. 특히 디지털 미디어가 토해내는 이미지 문화 속에 사는 현대에서는 글이 말을 대체하였듯이 이제는 이미지가 글을 대체하고 있다. 이런 점에서 우리는 이미지가 언어의 또 다른 형태라는 사실을 인정해야 한다.

이미지는 구술적(말)이고 문자적(글)인 언어와 유사하게 일상 삶의 중요한 실천 방식이자 문화적으로 재생산되고, 경험되고 탐색되어질 의미체계인 것이다. 이미지가 문자 언어와 다른 점은 다양한 매체를 통해 시각적인

것뿐만 아니라 공감각과 신체를 통해 드러나는 다차원의 감각으로 이루어
진다는 사실뿐이다. 이미지는 회화, 영화, 사진, 그래픽, 광고, 음향 등의
사인언어, 도시, 건축, 조각, 제품, 패션 등과 같은 공간과 사물의 언어, 그리
고 몸짓, 행동으로 이루어진 신체언어와 같이 다양한 비 구술적 언어 형태
들과 다차원의 감각적인 소통방식으로 존재한다.[16]

  현대 문화가 디지털화되어가고 있음에 따라 동화교육의 매체가 변화해야
한다는 점도 인정되지만 본질에서 동화 그 자체가 소설과 달리 이미지 중심
의 문학 작품임도 인정해야 할 것이다. 동화가 지니고 있는 판타지는 이미지
그 자체이며, 상상력 발현의 기본적 체계를 가지고 있다. 수많은 음성 상징어
나 색채어로 구성된 동화적 언어나 단순 반복적인 상징적 담론 방식 그리고
움직임을 구체적으로 드러내는 감각어나, 환상적 배경과 시각적으로 명확한
인물 묘사 등은 문자 매체만을 통해서는 전달할 수 없는 다양한 매체를 내포
하고 있다. 따라서 동화는 문자 언어 외에 음성 언어, 몸짓 언어, 시각적 표현
매체, 청각적 표현 매체 등 다양한 매체를 동원해서 교육해야 한다.

  동화를 교육하면서 다양한 매체를 활용해야 할 또 하나의 이유는 동화를
배우는 학습자의 발달 단계상 특성 때문이다. 동화를 누리는 어린이들의 인
식 방법은 감각적이고 이미지 중심이다. 관념적인 문자 언어 매체만으로 동
화를 공부하는 것은 한계가 있기 때문이다.

---

16) 박민수, 〈경계를 가로지르는 '다층적 연구'의 가능성〉, 『교수신문』, 1999. 7. 5. p.9.

Ⅲ. 동화교육 방법과 준거

1. 행위 지향 동화교육

제7차 국어과 교육과정에 제시된 "국어과 교육의 핵심적 과제는 학습자의 '창의적 국어사용 능력 향상'이다"[17]를 성취하기 위해서는 이에 적합한 교수 학습 방법이 필요하다. 그러나 문학 텍스트에 대한 분석적·이론적인 작업에 치중하는 학문 패러다임으로는 '창의적인 국어사용 능력'을 기르는 데 한계가 있다.

> 비록 학문 패러다임이 문학 연구를 체계화하고 문학에 연관된 영역을 다양화하는데 기여하기는 하였지만 문학교육과 문학 실천 사이의 괴리를 촉진하여 문학이 근본적으로 지니고 있던 실천적 혹은 존재론적 힘을 와해시킨 면이 없지 않다.[18]

이러한 기여와 한계를 가지고 있는 학문 패러다임의 극복을 추구하고 있는 것이 바로 '행위 지향' 패러다임이다. "'행위 지향' 패러다임은 학습자의 감각기관과 학습자의 행위를 통해 텍스트에 접근함으로써 문학 수업의 비효율성과 지루함을 극복하려 한다."[19] '행위 지향' 패러다임에서 행위를 통해 학습해야 한다고 주장하는 이유는 행위를 통해 학습자의 신경계가 활성화될 수 있고 신경계가 활성화되면 두뇌의 작용도 활성화되어 학습이 효과적으로 진행되기 때문이다. 동작이 신경계에 어떤 영향을 주는지를 밝히려는 최근의 연구들을 살펴보면, "근육운동이 신경세포의 성장을 자극하고 신경망의 수를

---

17) 교육부, 초등학교 교육과정 해설(Ⅲ), 대한교과서주식회사, 1999, p.13.
18) 권오현, 문학교육학(여름), 태학사, 1998, pp.200-201 참조.
19) 권오현, 문학교육학(여름), 태학사, 1998, p.202.

증가시키는 물질인 뉴로토핀(neurotophin)의 분비를 증가시킨다"[20]는 사실을 확인할 수 있다.

'행위 지향' 패러다임의 시각에서 동화교육을 바라보는 입장이 바로 '행위 지향' 동화교육이다. '행위 지향' 동화교육은 학습자들이 동화교육에 능동적으로 참여하도록 함으로써 동화교육에 흥미를 느끼게 하여 동화교육의 효율성을 높이려는 목적을 가지고 있다. 동화 학습자들은 그들의 감각 기관과 행위를 통하여 동화 텍스트에 접근하기 때문에 신경세포가 자극을 받아 뇌세포가 활성화된다. 그리고 학습자들은 동화 텍스트를 행위로 표현함으로써 자기 생각을 표현하고, 다른 학습자의 행위를 탐색할 수 있다. 이 과정에서 학습자들은 교사가 미처 생각하지 못했던 것들을 표현하여 교사를 당혹스럽게 할 수도 있고, 본래 목적한 교수-학습 계획을 변경하도록 할 수도 있다. 그렇지만 학습자들은 자기 생각과 느낌을 표현하고 교류하는 과정을 통해 더욱 능동적이고 창의적으로 동화를 학습하게 되는 것이다. 이와 같은 '행위 지향' 패러다임은 동화교육뿐만 아니라 국어과 다른 영역[21]에도 적용될 수 있다.

언어 학습 방법으로 행동의 중요성이 강조되는 예는 영어 교수 방법 중에서도 찾을 수 있다. 이완기는 초등 영어 교수 방법의 한 가지 예로써, 어셔(James Asher)가 창안한 전신 반응 교수법(Total Physical Response)을 소개하였다. "교사가 지시하거나 명령한 것을 학습자가 말로 반응하는 것이 아니라 행동으로 반응하게 함으로써 목표 언어(외국어)를 효과적으로 가르칠 수 있다"[22]는 것이다. 실제로 모국어 습득 과정과 외국어 습득 과정에는 많은

---

20) 김유미, 온몸으로 하는 학습, 도서출판 진우, 1998, p.119.
21) 저학년에서 극 놀이, 극적 활동의 중점은 동작화이다. 이 동작화는 의미 내용을 이해하기 위한 활동이다. 곧 등장인물의 심정을 알기 위하여 동작화를 하는 것이다. ㉮ 동작화를 통해서 의미 내용을 이해시킨다. ㉯ 말과 문맥의 의미가 불분명한 곳을 동작을 통하여 이해시킨다. ㉰ 동작화를 통하여, 각자의 생각을 토의하고 감상을 말하게 한다. 조문제, 말하기·듣기 교수·학습의 이론과 방법, 1996, p.226.
22) 이완기, 초등영어교육론, 문진당, 1996, p.265.

차이점이 있다. 그렇지만 언어 학습 방법을 살펴보면, 언어 습득에 공통으로 효과적인 방법이 있다. 행위를 통한 교육 방법으로 열거할 수 있는 대표적인 사례 중에는 역할놀이(Role-play)가 있는데 역할놀이도 교육연극에 속하는 한 가지 방법이다. 학습자들은 역할놀이를 통하여 가상 인물의 역할을 수행하는 데 매우 큰 흥미를 느끼며 적극적으로 참여하는 경향이 있다.

> 수업 과정에 학습자들이 적극적으로 참여할 수 있으며, 가상의 역할 수행을 통하여 언어의 기능에 대한 보다 명확한 이해와 실제 언어사용 상황에 매우 근접한 사회언어학적 언어의 기능, 의미의 미묘한 차이, 어법 등을 익힐 수 있는 좋은 기회를 제공해준다.[23]

이제까지 행위 지향 동화교육 방법에 관해 살펴보았다. 행위 지향 동화교육은 학습자들의 흥미와 능동적인 참여를 바탕으로 언어적 행위와 비언어적 행위를 통해 동화 교수-학습의 효율성을 높이려는 동화교육 이론이다.

이 장에서는 이를 바탕으로 동화교육에서 교육연극 방법의 준거를 찾아보고, 그 준거를 바탕으로 동화교육 방법에 관해 살펴보겠다.

2. 동화교육과 교육연극 방법의 준거

가. 허용적 분위기 형성을 위한 활동

동화교육에 영향을 미치는 요인에는 동화 텍스트, 학습자, 교사, 상황과 같은 네 가지 요인이 있다. 동화교육은 이러한 요인들이 서로 복합적으로 영향을 주고받는 가운데서 이루어지는 것이다. 이 변인들 가운데 하나인 상황 요인에 관해 살펴봄으로써 동화교육에 교육연극을 적용하는 준거를 마련하

---

23) 이완기, 초등영어교육론, 문진당, 1996, p.268.

고자 한다.

동화교육에서 상황 요인과 관련하여 무엇보다도 중요한 것은 허용적 분위기를 만드는 것이다. 허용적 분위기는 교사와 학습자, 학습자와 동료 학습자, 그리고 학습자 스스로 자기 생각과 마음을 열 수 있는 분위기를 말한다. "학습자가 관찰하고, 발견하며, 자기 생각이나 감정을 표현할 때 어떤 것에 관해 걱정하거나 실패를 두려워하지 않는 분위기가 요구되는 것이다."[24]

이에 이 글에서는 학습자의 마음을 열어 주고, 동료들과 부담 없이 의사소통을 하도록 하는 허용적 분위기를 만들기 위해 연극놀이와 판토마임을 적용하려고 한다.

나. 의사 표현으로서의 심미적 체험

동화교육에 교육연극 방법을 활용하면 학습자의 심미적 체험을 활성화할 수 있다. 학교 현장의 동화교육을 살펴보면, 학습자의 특성을 고려하여 다양한 전략을 사용하기보다는, 텍스트를 이해시키기 위해서 질문하고 대답하는 문답식 방법을 사용하고 있다. 물론 제7차 교육과정에 제시된 학년별 내용에는 지난 교육과정과 견주어 볼 때 나아진 부분이 많다. 하지만 동화교육 방법론을 살펴보면 어떤 방법으로 학습자의 심미적 체험을 확대해서 문학적 상상력과 창의력을 기를 것인지 제시되어 있지 않다. 동화교육의 목적을 실현하기 위해서는 적절한 교수-학습 방법이 필요하다. 그리고 초등 교육 현장의 동화교육을 한 차원 높이기 위해서도 학습자의 호기심과 흥미를 끌어내는 방법들을 구체화하여야 한다.

최근 문학교육 방법론의 흐름을 살펴보면 동화 작품이나 작가 중심의 해석보다는 학습자의 심미적 체험과 창의적인 해석 및 수용을 강조하는 학습자

---

24) June Cottrell, Creative Drama in the Classroom Grade 1-3, Lincolnwood, 1987, p.17.

중심 문학 교육이 널리 받아들여지고 있다. 지금까지 동화 텍스트 중심의 문학교육을 한 결과 발생한 문제점을 해결하기 위해서 그런 것이다. 수동적으로 인식하고 주어진 틀 안에서 상상하는 것만으로는 21세기를 살아갈 창의적인 국어 사용자를 길러 낼 수 없다는 생각이 초등 문학교육에도 영향을 주고 있다.

지금까지 동화교육 방법으로 많이 사용되어 온 '교사가 질문하고 학습자가 대답하는 방법'으로도 동화교육은 이루어질 수 있다. 그러나 학습자들이 더욱 더 재미있게 공부하고 동화교육의 본질을 실현하는 방법이 있다면 이를 적극적으로 검토해야 할 것이다. 학습자들이 동화 텍스트를 읽고 스스로 자신의 심미적 체험을 극대화하는 동화교육의 본질을 실현하는 방법에 대한 연구가 필요하다. 로젠블렛은 문학교육의 본질을 실현하기 위해서 다음과 같은 조건이 필요하다고 했다. "학생들이 작품에 대해 개인적으로 환기된 의미를 구체화하도록 시간과 기회를 제공해야 한다."[25] 동화 텍스트에 대한 학습자의 심미적 체험은 동화 텍스트와 학습자와의 심미적 교류이므로 이를 촉진하기 위해서는 적절한 교수·학습 방법과 충분한 시간이 필요하다는 것이다.

동화 텍스트와 상호작용한 학습자의 심미적 체험은 여러 가지 방법으로 표현될 수 있지만, 교육연극으로 표현할 때 효과가 크다. "교사가 학습자들에게 자신이 배운 것을 자신의 감정이나 생각과 관련지어 (교육연극으로) 표현하도록 할 경우에 그 내용은 놀랄 만큼 확대된다."[26] 동화를 가르칠 때 교육연극 방법을 활용한 낸시 킹의 말이다. 학습자들은 동화의 의미를 파악할 때 자기가 경험한 심미적 체험을 음성언어나 문자언어뿐만 아니라 비언어적 활동으로도 표현할 수 있다. 초등학교 학습자들은 신체 발달, 심리 발달, 언어

---

25) Rosenblatt, *Literature as exploration*(5th ed.), NY: The Modern Language, 1995, p.67.
26) 낸시 킹 저 황정현 역, 창조적인 언어사용 능력을 위한 교육연극 방법, 평민사, 1998, p.11.

발달 면에서 볼 때 비언어적 활동을 통해 자기 생각이나 느낌을 표현하는 특징이 있으므로 교수·학습 방법에도 학습자들의 비언어적 활동이 적극적으로 활용되도록 해야 한다.

> 지능은 언어적 정보처리과정 뿐만 아니라 비언어적인 것들도 포함하며, 어린 아동들에게서는 비언어적 능력이 언어적인 것들보다 훨씬 고도로 발달한다(그들은 언어적으로 표현할 수 있는 것보다 훨씬 더 많이 이해하고 행할 수 있다).[27]

음성언어나 문자언어로 표현할 수 없는 심미적 체험을 비언어적 표현인 신체 언어로 표현 가능한 부분이 많기 때문이다. "교육연극 활동을 통해 동화를 학습한 학습자들이 그렇지 않은 학습자들에 비해 상상력과 창의력이 더 발달했다는 연구"[28]는 이 사실을 뒷받침해 주는 증거라 할 수 있다.

인간이 의사를 표현하기 위해 사용한 언어의 발달 과정을 살펴보면, 신체 언어에서 음성언어로, 음성언어에서 다시 문자언어로, 문자언어에서 이미지 언어로 발전하고 있다는 것을 알 수 있다. 그렇지만 이러한 발달 과정을 보고, 문자언어가 다른 언어와 견주어서 훌륭한 언어라든지, 문자언어로만 학습해야 한다고 주장할 수는 없다. 오히려 초등학교 학습자의 상상력과 창의력을 더 많이 자극하고 발달시키는 언어는 초등학교 학습자의 발달 단계와 발달의 특성에 맞는 신체 언어이다. "학습자들이 어렸을 때에는 외부 세계를 이해하기 위해 모든 감각을 활용하는 특징이 있다."[29] 신체 언어는 음성언어나 문자 언어, 이미지 언어보다 상위 또는 하위의 의사 표현 수단이 아니며, 그 나름대로 특징이 있는 것이다. 그래서 제6차 교육과정 국어과 교사용 지도서에 제시

---

27) 고영희·조주연 역(1986), 오른쪽·왼쪽 뇌기능을 활용한 수업기술(II), 교육과학사, p. 167.
28) 김명실(1998)의 '이야기 활동을 통한 창의성 계발에 관한 연구'를 예로 들 수 있다.
29) 김유미, 온몸으로 하는 학습, 1998, p.14.

된 것처럼 신체 언어를 의사소통에 사용하면 어려움이 많다는 점을 부각해 사용하지 못하도록 하고, 음성언어와 문자언어만 사용하도록 하는 것은 바람직하지 않은 것이다. 오히려 동화교육에 음성언어와 문자언어뿐만 아니라 신체 언어도 함께 사용하도록 해야 한다. 동화를 읽고 체험한 심미적 경험을 다른 사람에게 표현할 때 신체 언어도 함께 사용하도록 하면, 음성언어와 문자언어로 표현할 수 없거나 표현하기 힘든 것까지도 표현할 수 있기 때문에 더욱 심도 깊게 동화교육을 할 수 있다.

이제 5학년 1학기에 공부하는 동화 텍스트인 '배추 장수 아저씨'라는 동화를 가지고 교사용 지도서에서 제시하고 있는 동화교육 방법과 교육연극을 적용한 수업을 견주어 보도록 하겠다. 두 가지 경우를 통해 동화 텍스트와 상호작용하는 학습자들의 심미적 체험이 어떻게 달라지는지 살펴보도록 하자.

1) 교과서에 제시된 동화교육 방법(상상력, 창의력 측면의 비교)

이 동화를 지도할 때, 5학년 1학기 읽기의 동화 단원 교과서와 교사용 지도서에는 다음과 같은 질문들이 사용되고 있다.

목표 : 이야기를 읽고, 주제를 알아보자.

---

1. 주제를 생각하며 '배추 장수 아저씨'를 읽어보자.
2. '배추 장수 아저씨'를 읽고, 물음에 답하여 보자.
   (1) 아저씨는 왜 한쪽 눈이 먼 강아지를 사 왔는가?
   (2) 아저씨는 강아지를 어떻게 키웠는가?
   (3) 아저씨는 왜 강아지를 따라 찻길로 뛰어들었을까?
   (4) 아저씨에 대하여 아파트 사람들과 '나'의 생각은 어떻게 다른가?
3. 답한 내용을 바탕으로 하여, '배추 장수 아저씨'의 주제를 말하여 보자.
4. '배추 장수 아저씨'와 비슷한 이야기를 읽은 경험이 있으면 말하여 보자.

위에 제시된 수업 방법은 동화 작가가 동화 텍스트에 표현한 내용을 학습자들이 하나씩 살펴보고 확인하는 과정을 통해 학습하게 되어 있다. 이런 방법으로 학습하면 학습자들은 동하 테스트와 상호 교류할 수 없게 된다. 교과서에 제시된 질문에 대한 답이 동화 텍스트에 있기 때문에 교류하는 것이 아니라 텍스트에 있는 정답만 찾으면 되기 때문이다. 그 결과 동화를 읽고 자기의 생각과 느낌을 바탕으로 스스로 상상할 기회는 생략되는 것이다. 물론 이 방법으로 공부하게 되면 주어진 내용을 정확하게 파악하는 능력이 신장할 수 있을 것이다. 그러나 주어진 문제에 대한 답을 찾는 방식은 학습자들을 수동적으로 반응하게 하며, 학습자 자신의 심미적 체험보다는 교과서에 제시된 문제의 정답을 더 중요하게 생각한다. 이러한 문제를 극복하기 위해서는 학습자의 심미적 체험을 확대하고, 동화학습을 능동적으로 하게 하는 교수·학습 방법이 필요하다.

똑같은 동화 텍스트를 가지고 교육연극 방법을 적용한 수업을 살펴보자.

2) 교육연극을 적용한 동화교육 방법(상상력, 창의력 측면의 비교)

> **목표 : 이야기를 읽고, 활동을 통해 글의 의미를 알아보자.**

1. 글의 의미를 생각하며 '배추 장수 아저씨'를 읽어보자.
2. '배추 장수 아저씨'를 읽고, 다음과 같은 활동을 해 봅시다.
 (1) 눈을 감고 이미지를 떠올려 봅시다.
 (2) 짝과 함께 강아지와 강아지 주인 역할을 무언극으로 해 봅시다.
 (3) 역할을 바꾸어 가며 강아지와 배추 장사 아저씨 역할도 해 봅시다.
 (4) 방송국의 기자가 되어 사고를 목격한 목격자와 인터뷰를 해 봅시다.
3. 활동한 내용을 바탕으로, 자기가 느낀 '배추 장수 아저씨'의 의미를 말하여 보자.

4. '배추 장수 아저씨'와 비슷한 이야기가 있으면 간단히 말하여 보자.

이처럼 교육연극 방법을 통해 동화를 학습하게 되면 직접 '강아지', '강아지 주인', '배추 장수 아저씨', '목격자', '방송국 기자'가 되어 봄으로써 상상을 통해 구성한 자신의 이미지 즉 심미적 체험을 구체화할 수 있다. 동화 텍스트에서 정답을 찾는 것이 아니라 동화에 대한 자기 생각과 느낌을 표현하는 것이기 때문이다. 그 결과 심미적 체험이 다양하게 표현될 수 있고, 학습자들의 상상력과 창의력이 자연스럽게 발현될 수 있다. 그뿐만 아니라 교육연극 방법을 적용한 교수학습에서는 동료 학습자들의 다양한 체험이 교사에게 모두 수용되기 때문에 학습자들은 능동적이고 협동적으로 학습하게 된다.

다. 교류를 통한 문학적 체험 공유

동료들과 동화에 대한 체험을 공유하는 것은 동화에 대한 자기중심적 인식에서 벗어나 자신과 다른 관점에서도 동화를 볼 수 있게 해준다. 이를 통해 동화 학습자들은 동화뿐만 아니라 세상에 대한 인식의 지평도 함께 넓어진다. 동화 텍스트에 대한 체험은 개인적이지만 교사, 동료 학습자들과 교류하는 과정을 통해서 사회적인 반응으로 승화될 수 있다. 따라서 동화에 대한 체험을 공유하는 것은 학습자의 개인적인 독서에서 학급 전체의 독서로 나아갈 수 있다.

1학년 읽기 교과서에 제시된 '원숭이의 재판'이란 동화를 가지고 동화 학습자가 동료 학습자들과 어떻게 문학적 체험을 공유하는지를 비교하여 보겠다.

단원 : 12. 옛날 이야기 (1-2)

제목 : 원숭이의 재판

1) 교과서에 제시된 동화교육(문학적 체험 공유 측면)

> **목표 : '원숭이의 재판'을 읽고, 물음에 답하여 봅시다.**

　(1) 고깃덩어리가 서로 자기 것이라며 여우와 늑대가 다툰 이유는 무엇
　　　인가요?

　(2) 원숭이는 여우와 늑대가 다투는 것을 보고, 무슨 말을 하였나요?

　(3) 원숭이는 여우와 늑대의 고깃덩어리를 왜 번갈아 가며 베어 먹었나요?

　(4) 여우와 늑대가 고깃덩어리를 한 점도 먹지 못하게 된 까닭은 무엇
　　　일까요?

　(5) 고깃덩어리를 한 점도 먹지 못한 여우와 늑대는 어떤 생각을 하였
　　　을까요?

　2. 여우와 늑대가 원숭이의 행동에 대하여 내 생각이나 느낌을 말해 봅시다.

　3. 여우와 늑대가 한 일과 비슷한 경험이 있으면 말하여 봅시다.

　이것은 교과서와 교사용 지도서에 제시된 내용이다. 2번 항목에서 동화의
내용에 대한 자기 생각과 느낌을 말해 보자는 내용이 있지만, 이 부분에 대한
보다 다양한 질문이 제시되어 있지 못한 실정이다. 생각과 느낌과 같은 정서
적인 부분보다는 텍스트의 내용에 대한 질문이 큰 비중을 차지하고 있다. 초
등학교 1학년 학습자들에게 동화텍스트에 대한 심미적인 해석보다 텍스트에
제시된 축어적인 의미를 찾아내는 것 중심으로 동화를 공부하다 보면 학습자
들은 동화를 점점 수동적으로 읽게 된다. 그 결과 학습자들은 동화를 공부하
는 것을 지루하고 힘든 일로 생각하고, 마침내 동화 읽기를 꺼리는 지경에 이르

게 되는 것이다. 동화를 읽는 것이 즐겁고 설레는 일이 되어야 하는데 지겨운 일이 되다 보면, 학년이 올라갈수록 차츰 동화를 멀리하게 되는 것이다.

2) 교육연극 방법의 동화교육(문학적 체험 공유 측면)

> 목표 : '원숭이의 재판'을 읽고, 등장인물의 행동에 대해 역할을 맡아 말해 봅시다.

1. 선생님의 해설을 듣고 몸짓으로 표현해 봅시다. (비언어적 활동)

   (1) 3명씩 짝을 지은 다음 여우, 늑대, 원숭이 역할을 정하여 몸짓으로 표현하여 봅시다.

   (교사가 읽어 줄 내용) 숲 속에 욕심 많은 여우와 늑대가 있습니다. 둘은 길을 걸어갑니다. 커다란 고깃덩어리를 발견합니다. 늑대가 재빨리 달려가 잡습니다. 여우도 잡습니다. 서로 잡아당기면서 싸웁니다. 원숭이가 지나갑니다. 여우와 늑대를 보고 도와주겠다고 합니다. 크기를 다르게 나누어 둘에게 줍니다. 크기가 작은 쪽이 투덜거립니다. 큰 쪽을 베어먹습니다. 투덜거립니다. 베어먹습니다. 또, 투덜거립니다. 베었습니다. 원숭이가 다 먹어 버리고 달아납니다. 여우와 늑대는 입맛만 다십니다.

   (역할을 바꾸어서도 해 봅시다)

---

   (2) 한 사람은 기자가 되고 한 사람은 여우, 늑대, 원숭이가 되는데, 기자는 동물들에게 궁금한 것을 물어봅시다.

2. 동물들과 인터뷰했던 것을 친구 앞에서 다시 표현해 봅시다.

3. 다른 친구들의 표현을 보고 자기의 생각과 견주어 말해 봅시다.

여기에서 소개한 내용은 초등학교 1학년에 맞는 난도가 매우 낮은 활동들이다. '원숭이의 재판'을 공부할 때 동화 내용 파악에만 치중하지 않고, 동화 텍스트와 상호작용한 자기 생가과 느낌을 자연스럽게 표현하도록 히고 있다. 동화 텍스트의 내용은 이런 활동의 기본 전제가 되기 때문에 자연스럽게 파악될 수 있다. 학습자들이 텍스트에 대한 자신의 의견을 마음껏 표현하고, 협동하는 활동을 통해서 동화를 공부하는 것은 재미있고 유익하다는 것을 알게 된다.

Ⅳ. 동화교육을 위한 교육연극 적용

동화교육에 영향을 미치는 요인으로 동화 텍스트, 학습자, 교사, 상황, 이렇게 4가지를 말할 수 있다. 여기에서는 상황 요인에 관해 언급하고자 한다. 동화 텍스트와 학습자, 교사에 관해서는 그동안 많은 고찰이 있었으나 상황 요인에 관해서는 강조되지 않았다. 학습자들이 동화를 공부할 때 자기의 생각과 느낌을 마음껏 표현하기 위해서는 무엇보다도 먼저 교사뿐만 아니라 동료 학습자들, 그리고 자기 자신과 허용적인 분위기가 형성되어야 한다. 허용적인 분위기가 형성되지 않으면 학습자는 불안한 마음을 버리지 못하고 눈치를 살피게 된다. 그러므로 교사는 동화를 공부하기 전에 학습자들이 안심하고 학습에 임할 수 있는 분위기를 조성해야 한다. 이런 분위기를 만드는 데 효과적인 활동으로 연극놀이를 활용할 수 있는데 이에 관해 살펴보자.

1. 허용적 분위기 형성을 위한 연극놀이(Dramatic Play)

학습자들은 놀이를 좋아한다. 놀이란 가상적 상황에 몰두하여 스스로 의미를 찾아가는 활동이다. 놀이할 때 학습자들은 주어진 역할에 따라 가상적 상황에 몰입하기 위해 민감하게 반응하고 상상을 해야 한다. 이와 같은 놀이는 단순하게 '논다'는 의미를 넘어서서 신체, 언어, 인지, 정서, 사회성 그리고 창의성 발달과 밀접한 관련이 있는 것이다. 연극놀이 활동은 기본적으로 학습자와 학습자들 사이에 친밀감을 형성시켜 주고, 더 나아가 교과 지도, 생활 지도에도 응용할 수 있다.

① 엇갈린 손을 풀자

활동 설명 : 두 사람이 마주 보고 손을 엇갈려 잡는다. 왼손을 위에 오른손을 아래에 놓는다. 손을 떼지 말고 바르게 풀어 마주 보고 선다. 4, 8, 12명으로 사람을 늘려 가며 역시 같은 방법으로 손을 엇갈려 잡은 상태에서 바로 잡고 다 마주 볼 수 있도록 한다. 되도록 말을 적게 하고 몸을 움직여 일정한 규칙을 찾아보자.

활동 결과 :

> 처음에는 잘 안되어서 짜증이 나기도 하였는데 친구들과 계속 하니까 점점 짜증도 나지 않고 즐거워졌다. 꼬인 팔이 잘 풀리지는 않았지만 서로 협동을 하니까 점점 풀리는 것이었다.
>
> 서울 봉○초등학교 6학년 조○진

② 번호 부르기

활동 설명 : 7명 이상이 한 조가 되어 동그랗게 앉는다. 1부터 10까지 막히지 않고 겹치지 않고 번호를 부르는 놀이이다. 아무나 손을 들어 '1' 하고 외친다. 다음엔 '2'를 외칠 차례다. 역시 아무나 손을 들어 외친다. 번호를 부를 때 두 사람 이상이 같은 번호를 부르면 다시 '1'부터 시작한다. 서로의 호흡을 잘 맞추어야 한다.

활동 결과 :

번호 부르기 활동을 하였다. 이건 서로 똑같은 숫자를 말해서는 안 되는 것인데 서로 의논하지 않고 하는 거라서 어려웠다. 서로 언제 말해야 하는지 몰라서 말하는 속도가 점점 느려지는 것 같았다. 15에서 6에서 1에서 자꾸만 끊겨서 더 재미있었다.

서울 봉ㅇ초등학교 6학년 유ㅇ아

③ 동시에 묻고 대답하기

활동 설명 : 동그랗게 들러선 상태에서 모든 사람이 동시에 자기 오른쪽에 있는 옆 사람에게 5가지 정도 질문한다. 질문을 받은 사람은 성의껏 대답한다. 오른쪽 사람에게는 질문하면서 왼쪽 사람의 질문에 대답해야 하므로 전체가 왁자하다. 다음엔 오른쪽으로 세 번째 있는 사람, 그다음은 다섯 번째 있는 사람 등으로 사람을 바꾸어 가며 세 번 정도 실시한 다음 편히 앉는다. 어떤 한 사람을 지적하면 그 사람에게 질문했던 사람들이 얻어낸 정보를 모두에게 알려준다.

활동 결과 :

이 활동을 하고 나서 친구에 대해 더 자세하게 알게 되었다. 평소에 남자아이들이랑 말도 안 하고 지내서 그 아이에 대해서 아는 것이 없었는데 이 활동을 하니까 모르던 것을 알게 되어 좋았다. 예를 들면, 색깔, 발 크기, 과일 등 그 친구에 대해서 더 잘 알게 된 것 같다.

그리고 이 놀이를 하기 전에는 친구들끼리 분위기가 조금 서먹서먹했는데 이 놀이를 하고 나서는 분위기가 화기애애해졌다.

서울 봉ㅇ초등학교 6학년 이ㅇ경

④ 종이로 표현하기

활동 설명 : 종이 한 장을 준비하여 구기거나 찢거나 접어서 표현하는 활동이다. 자기 이름, 장래 희망, 지금 현재의 느낌이니 생각 등을 자유롭게 표현하면 된다.

활동 결과 :

> 내 마음을 표현할 수 있어서 재미있었다. 그리고 친구들과도 더 친해진 것 같다. 이 활동을 하니까 시원한 폭포와 같은 느낌이 들었다. 왜냐하면, 폭포처럼 마음이 시원해졌기 때문이다.
>
> 서울 봉ㅇ초등학교 6학년 김ㅇ현

⑤ 손이 눈이야

활동 설명 : 두 사람이 짝이 되어 한 사람은 눈을 감고 한 사람은 몸을 최대한 사용하여 동작을 취하고 멈춘다. 동작이 완성되면 눈을 감고 있던 사람에게 신호를 준다. 안대를 사용하면 더 좋다. 눈을 감은 사람은 손으로 앞 사람의 몸을 더듬어 똑같은 동작을 취한다. 눈을 뜨고 확인한다. 이번엔 표정, 손가락 모양 같은 세세한 부분까지도 변화시켜 손으로 알아맞혀 보자.

활동 결과 :

> 이 활동을 하고 나서 눈이 없어도 손이 있으면 정확하진 않지만, 그 사람의 행동을 따라 할 수 있다는 것을 알게 되었다. 그리고 눈이 없으면 답답하고 불안한 예감이 든다는 것도 알게 되었다. 이 활동은 아주 재미있다. 그 이유는 눈이 보이지 않는 장애인의 심정을 알게 해 주기 때문이다.
>
> 서울 봉ㅇ초등학교 6학년 박ㅇ정

⑥ 마네킹

활동 설명 : 한 사람은 마네킹, 한 사람은 주인이 되어 마네킹을 움직여 보자. 마네킹을 주제에 맞게 움직여 전시해 보자. (기쁨, 슬픔, 분노, 학교, 배고픔, 겨울, IMF 등) 이제 마네킹을 머리에서부터 발끝까지 천천히 관절을 찾아 녹여 보자. 역을 바꿔 보자.

활동 결과 :

> 우리는 아무 모양이나 평범한 모양도 했다. 내가 주인이 되어서 마네킹의 모양을 만드는 게 너무 재미있었다. 이상한 모양을 만들어도 화를 내지 않고, 친구의 마음을 믿고 모양을 만드는 게 재미있었다. 재미있게 하다 보니 친구와 정이 쌓이고, 새로운 친구가 생겨서 좋았다. 처음엔 조금 하기가 싫었지만 하다 보니 너무너무 재미있었다.
>
> 서울 봉ㅇ초등학교 6학년 김ㅇ주

⑦ 번호로 말하기

활동 설명 : 두 사람이 짝이 되어 주어진 역할을 맡는다. 대사는 1부터 10까지의 숫자를 주고받는 것이다. (시작하는 사람이 '1' 하면 상대역은 '2' 이렇게) 1부터 10까지의 숫자 안에 하고 싶은 말과 감정이 모두 녹아 들어가서 표현되어야 하며 10에서는 결말이 보여야 한다.

예) 수업 시간에 떠든 학생과 교사, 접촉 사고를 내고 싸우는 두 운전사

활동 결과 :

숫자로 의사소통하는 놀이를 하였다. 서로 몸으로 표현하며 일, 이, 삼, 사 … 이런 식으로 의사표시를 하는 것이다. 일! 하고 높이 말하면 약간 화가 난 듯한 표현. 숫자로만 말해도 말이 된다는 사실이 놀라웠다. 숫자로만 말했지만, 행동과 표정을 나타냈기 때문에 생각이나 느낌을 알 수 있었다. 이 놀이를 하고 나서 친구들과 더욱 친해진 걸 알게 되었다. 집에서도 가족끼리 해 보아야겠다.

서울 봉ㅇ초등학교 6학년 한ㅇ라

⑧ 편지 왔어요

활동 설명 : '편지 왔어요.' 라는 대사를 던져 주면 가상의 편지를 읽고 그 내용을 다른 사람들에게 보여준다. 보여 준다는 것은 그 편지가 담고 있는 내용이 어떤 것인지 대사와 몸짓을 이용해서 표현하는 것이다. 절대로 편지의 내용을 설명해서는 안 된다. 생각할 시간이 필요하다.

활동 결과 :

연애편지, 협박 편지, 소풍 편지, 싫어하는 애가 보낸 편지, 승진 편지, 이사 편지와 같은 많은 편지를 표현했다. 이 놀이를 하며 나의 상상력이 길러진 것 같았다. 다음에 한 번 더 했으면 좋겠다.

서울 봉ㅇ초등학교 6학년 김ㅇ현

2. 비언어적 방법 적용

가. 허용적 분위기 형성을 위한 판토마임

판토마임은 학습자들의 마음을 자연스럽게 이완시켜 주는 작용을 하므로 긴장된 학습자들에게 편안한 마음을 갖도록 한다. 물론 기교적인 판토마임 동작들을 해 보는 것은 판토마임 표현을 풍부하고 활력 있게 하는 데 장애가 될 수도 있다. 하지만 짧은 시간에 학습자들의 긴장을 완화해 주는 데 큰 효과를 발휘한다. 그러므로 교사는 이 활동을 수행할 때뿐만 아니라, 학급을 운영하는 평상시 활동에도 충분히 활용할 필요가 있다.

① 실에 꿰어 끌고 다니기

활동 제목 : 실로 꿰어 끌고 다니기

활동 인원 : 2인 1조

활동 설명 :

가위바위보를 하여 진 사람이 가상의 실과 바늘로 이긴 사람을 끌고 다니는 놀이이다. 가위바위보에서 진 사람이 가상의 실과 바늘을 꺼내어 바늘에 실을 꿴다. 그런 다음 바늘로 상대방의 옷을 가상의 실로 꿰맨다. 끌고 다닐 사람은 끌려갈 사람의 옷에서 허리 위쪽을 꿰매도록 한다. 그 이유는 하체를 꿰맬 경우엔 끌려가는 사람이 움직이기 힘들기 때문이다. 꿰매어진 부분과 끌고 가는 사람의 손과의 거리는 언제나 일정해야 한다. 너무 빨리 끌고 다니면 서로의 호흡이 맞지 않아 긴장감이 떨어지며, 놀이가 시시하게 되어 버린다. 그래서 천천히 끌고 다녀야 한다. 끌고 가는 사람이 손의 높이를 높게 하기도 하고 낮게도 하여 마음대로 끌고 간다. 끌려가는 사람이 힘들어하면 '얼음' 하고 외쳐서 쉴 수도 있다. 그렇지만 활동 시간 5분에 '얼음'을 3번 외칠 수 있고, '얼음'이라고 외친 다음 5초가 지나면 자동으로 '땡' 상태가 된다. 활동에 필요한 시간은 여러 가지 상황이나 조건에 영향을 받지만 보통 5분이 적당하다. 역할을 바꾸어 활동해본다.

활동 결과1 :

> 내가 가위바위보에서 이겨 정진이를 끌고 다녔다. 그런데 마지막에 가위바위보를 했는데 내가 졌다. 그래서 내가 끌려다녔다. 그것을 하고 나니 정진이와 더 친해지고 서로 이야기를 나누었다. 맨 날 청소 시간에 말다툼하고 그랬는데 이것을 하고 난 뒤에 정진이와 더욱 많은 이야기를 하면서 더 친해졌다.
>
> 서울 신ㅇ초등학교 5학년 김ㅇ석

활동 결과2 :

> (전ㅇ아, 이ㅇ비) - 서로 사이가 안 좋은 상태여서 시간이 조금 지난 다음, 활동하도록 했음.
>
> 이ㅇ비 : 전에 했을 땐 전ㅇ아의 기분이 나빠서 서먹서먹했는데 이젠 기분이 나아져서 새롭다.
>
> 전ㅇ아 : 아까 와는 달리 너무 재미있었고, 협동심이 길러진 것 같다.
>
> 서울 신ㅇ초등학교 5학년 전ㅇ아, 이ㅇ비

② 줄 당기기

활동 제목 : 줄 당기기

활동 인원 : 개인 활동, 2인 1조, 여러 명

활동 설명 :

똑바로 선 자세에서 다리를 어깨 넓이 보다 약간 넓게 벌린다. 자기의 손에 줄이 있다고 생각한다. 줄은 약간 팽팽하다. 왼쪽에서 오른쪽으로 당겨 보자. 줄을 잡아당길 때 주의할 점은 줄을 잡은 양손의 간격이 변하지 말아야 한다는 것이다. 실제로 우리는 줄을 잡아당길 때 고무줄이 아니므로 양손의 간격이 변하지 않는다는 것을 알 수 있다. 왼쪽으로 양손을 뻗어 가상의 줄을 잡는다. 이때에 발은 몸무게가 왼쪽으로 쏠리기 때문에 왼발의 무릎은 약간 구부러지게 된다. 이 상태에서 줄을 잡아당기면 그 반대의 힘에 저항하기 위해 엉덩이가 오른쪽으로 밀려남과 동시에 왼발의 무릎은 펴지게 된다. 그리고 오른발의 무릎은 굽혀진다. 이때 줄을 당기는 팔과 손은 최대한 오른쪽에 위치하게 되고 몸의 상체도 오른쪽으로 젖혀져 반대의 에너지를 온몸으로 나타내는데 실제의 밧줄을 잡아당기는 것과 같은 환상을 일으킨다. 반대로도 해보고 위에서 아래로도 잡아당겨 보자.

③ 벽 짚기

활동 제목 : 벽 짚기

활동 인원 : 개인 활동

활동 설명 :

똑바로 선 자세에서 다리를 어깨너비만큼 벌리고 선다. 앞에 가상의 벽이 있다고 상상을 한 다음 오른손을 들어 그 벽에 손바닥을 밀착시킨다. 짚고 있는 그 벽이 어떤 벽인지 생각을 해야 한다. '유리창인가? 벽돌 벽인가? 그리고 손바닥에 느껴지는 촉감은 어떤가? 또한, 눈은 벽이 눈앞에 보이듯이 손에 접한 벽을 보고 있는가?' 하는 것에 집중해야 한다. 손을 들어서 이동시켜 보고 다시 제자리로 돌아오는 과정을 반복한다. 이때 자기 손에 집중해야 하고 손의 느낌을 찾는 것이 중요하다. 상상의 벽에 오른손을 밀착시킨 다음 제자리에 앉아 본다. 또 갈 수 있는 데까지 좌우로 움직여 본다. 상상의 벽에 밀착시킨 오른손은 실제 벽에 밀착시킨 것처럼 움직이지 말아야 한다.

④ 공 던지기

활동 제목 : 공 던지기

활동 인원 : 2인 1조

활동 내용 :

공은 면이 휘어져 있다. 이 둥근 면을 표현하려면 어떻게 해야 할까? 작은 공은 자기의 손안에 잡힐 것이고 그것을 표현하기 위해서는 공을 잡은 것처럼 손도 그 공의 둥근 면을 따라 둥글게 될 것이다. 마찬가지로 큰 공도 둥근 면을 가지고 있다. 한 손안에 잡히지 않은 큰 공은 두 손으로 잡아야 한다. 이때에 큰 공의 둥근 면은 작은 공의 둥근 면보다 그 휘어지는 각이 더 완만할 것이다. 공을 표현할 때에는 다음과 같은 점에 주의해야 한다. 공의 무게, 탄력성, 부피와 같은 것을 표현하도록 한다.

위에 소개한 몇 가지 판토마임 활동을 학습자들과 하고 나면 학습자들 사이에는 허용적인 분위기가 형성된다. 이 글에서 이 활동들은 동화교육을 원활하게 수행하기 위한 기초 활동으로 소개했다. 그렇지만 활동이 끝난 다음 학습자들의 반응을 살펴보면 단순한 기초 활동 이상으로 많은 의미가 있음을 확인하게 된다.

나. 마임[30]

민속학자이며 마임 배우인 심우성은 마임(mime)을 '표현코자 하는 뜻과 기분 등을 주로 몸짓을 통하여 창출하고 있는 연극'이라고 정의하였다. 몸짓은 지금까지 국어교육에서 음성언어와 문자언어보다 그 역할이 크게 논의되지 못하였다. 그러나 최근에는 동작학(kinesics)에 대한 연구가 활발하며, 몸짓 언어라는 용어가 사용되고 있다. "몸짓은 문자언어나 음성언어로 표현할 수 없는 부분을 나타낸다."[31] 이러한 마임을 교육연극에서는 주요한 표현 형식으로 여기고 이를 활용한 사례들을 다양하게 소개하고 있다. 이런 사례들은 연구자의 관점에 따라 여러 가지로 분류, 정리될 수 있을 것이다. 그러나 이 글에서는 학습자들이 마임 표현을 할 수 있게 하려고 사용하는 방법에 따라 두 가지 형태로 나누어 제시하고자 한다. '해설이 있는 마임'과 '설명을 통한 마임'이 그것이다.

1) 해설이 있는 마임

해설이 있는 마임은 학습자들이 마임 표현을 할 수 있도록 학습자가 표현

---

30) 마임(mime)에 해당하는 우리말이 널리 쓰이지 않는 까닭에 동·서양을 막론하고 널리 쓰이고 있는 마임이란 용어를 사용하였다.

31) 황정현, 〈제6차 교육과정 적용에 있어 문학 교육의 문제〉, 『한국어교육』, (13), 1998, p. 223.

할 내용을 교사가 계속해서 해설해 주는 것을 말한다. 마임 표현을 하기 전에는 표현할 내용에 관해서 설명을 하고, 학습자가 마임 표현을 하는 동안에는 앞으로 표현해야 할 것에 관해서 계속 말하는 것이다. 저학년일수록, 마임을 해 본 경험이 적을수록 설명을 통한 마임보다는 해설이 있는 마임을 하는 게 바람직하다. 왜냐하면, 저학년일수록 마임을 하는 데 필요한 스키마가 형성되지 않은 경우가 많기 때문이다. 그리고 해설자는 운동 경기를 해설하는 사람과 같은 역할을 하지만 순서가 반대로 되어 해설자가 하는 말을 학습자들이 표현하는 것이다. 해설자는 주로 교사가 하지만 늘 교사가 맡는 것만은 아니다. '은혜 갚은 까치'의 한 부분을 해설이 있는 마임으로 활동하는 모습을 살펴보면 다음과 같다.

제　목 : 해설이 있는 마임
텍스트 : 은혜 갚은 까치
활동 내용1 :
활동 내용2 :

　　여러분은 오랫동안 과거 시험을 준비한 다음 시험을 보러 가는 젊은이입니다. 오늘은 어쩐지 기분이 좋고, 유쾌합니다. 새들이 지저귀는 숲을 가로질러 천천히 걸어갑니다. 맑은 물이 흐르는 계곡이 보입니다. 자, 물가에 앉아서 잠시 쉬어 갈까요. (사이) 그런데 이것이 무슨 소리입니까? 까치들의 요란한 울음소리가 들려옵니다. 가까이 가서 살펴봅니다. 구렁이 한 마리가 까치둥지 위로 기어오르는 것이 보입니다.

여러분은 까치들의 생명을 구해 준 후 숲을 걸어가는 젊은이입니다. 해가 지자 곧 사방이 어두워집니다. 하지만 산을 넘어 주막에 도착하려면 아직 멀었습니다. 부지런히 걸었지만, 사방은 깜깜하게 어두워지고 말았습니다. 밤이 되어 앞이 잘 보이지 않습니다. 나뭇가지와 덤불에 걸려서 걷기조차 힘이 듭니다. 돌에 걸려 넘어집니다. 아이코! 아파라. 어디가 제일 아픈가요? 고개를 들어 사방을 둘러봅니다. 이때 멀리 깜박이는 불빛이 보입니다. 불빛이 깜박이는 집에 도착해 보니 그곳은 낡은 절입니다. 대문을 열고 불빛이 새어 나오는 곳으로 갑니다.

2) 설명을 통한 마임

설명을 통한 마임은 학습자들이 표현할 내용을 표현하기 전에 교사가 활동할 내용을 모두 제시하는 것을 말한다. 교사는 학습 상황에 따라 표현할 내용을 간단하게 또는 자세히 설명할 수 있다. 설명이 끝나고 교사의 안내에 따라 시작하고, 표현하는 시간을 미리 알려준 다음 활동하도록 한다. 즉흥적인 생각을 중요하게 생각할 경우엔 시간을 짧게 또는 하나부터 열까지 세는 동안과 같이 일정한 시간을 정해주고 활동을 하게 한다.

제 목 : 설명을 통한 마임
텍스트 : 은혜 갚은 까치
활동 내용 :

새끼 까치들은 서로 다른 방식으로 모이를 먹습니다. 새끼 까치들은 엄마 까치, 아빠 까치와 다르게 모이를 먹을 것입니다. 그리고 새끼 까치들은 서로 성격이 다릅니다. 어떤 까치인지 모이 먹는 모습을 통해 표현해 보세요.

설명을 통한 마임이나 해설을 통한 마임은 동화교육을 할 때 부분적으로 적용할 수 있고, 전체적으로도 적용할 수 있다. 동화교육에 부분적으로 적용할 경우를 살펴보면, 수업을 시작할 때와 가운데, 정리할 때로 나누어 설명할 수 있다. 마임을 수업 시작할 때 적용하면 학습자들의 주위를 환기하고, 수업에 흥미를 느끼게 하는 효과가 있다. 수업 중간에 적용하면 학습이 보다 밀도 있게 진행되며, 학습자들의 수업 참여도가 크게 신장한다. 수업 마무리에 적용하면 수업 시간에 공부했던 내용을 심미적, 정서적으로 정리하는 효과가 있다.

3. 음성 언어적 방법 적용

음성 언어적 방법은 몸짓 언어로 표현하는 마임과는 달리 음성 언어를 주요 내용으로 한다. 먼저, 몸으로 느끼고 생각한 것을 음성 언어를 통해 표현하는 것이다. '만약 – 라면'과 같은 허구의 세계를 설정하고 상상을 통해 주어진 상황과 역할을 수행하는 것이다. 음성 언어적 방법과 비음성 언어적 방법을 함께 사용함으로써 더욱 원활한 발화와 표현을 지향한다. 그렇지만 음성 언어적 방법은 표현되는 음성언어 안에 학습자의 생각과 느낌이 창의적으로 반영되었느냐 하는 점이 무엇보다도 중요하다. 음성 언어적 방법은 인터뷰하기, 대화하기, 토론하기, 즉흥극 표현하기로 나누어 살펴보자.

가. 인터뷰하기

인터뷰하기는 다른 언어적 방법들과 견주어 볼 때 설정된 허구의 세계가 비교적 단순한 기법이다. "면담하기 기법에 선택된 상황과 역할은 학습자들에게 친숙하고 흥미로울 때 성공할 수 있다."[32] 인터뷰를 처음 시작할 때는 사교성이 있는 학습자가 먼저 해보도록 하고 얌전한 학습자는 나중에 하도록 하는 방법을 택하거나, 동시에 모든 학습자가 하도록 함으로써 얌전한 학습자들도 소란한 분위기 속에서 마음 놓고 활동할 수 있도록 하여야 한다. 한 사람은 인터뷰하는 역할을 하고, 또 한 사람은 면담에 대답하는 역할을 한다. 이때 인터뷰를 하는 역할로 기자를 설정할 수 있다. 그러나 학습 상황에 따라 역할을 다르게 함으로써 수업의 효과를 높일 수 있다. 아래에 나온 인터뷰하기의 과정을 살펴보자.

제　목 : 인터뷰하기1
텍스트 : 은혜 갚은 까치
활동 인원 : 2명 (방송국 기자 1명, 새끼 구렁이 1명)
활동 내용1 :

> 어느 날 KJY방송국에서 구렁이 가족을 만나러 왔다. 하지만 그 구렁이의 아버지는 예전에 선비가 쏜 활에 맞아 죽었고 어머니는 KJY방송국에서 온다는 소식을 듣고 도망을 갔다. 그래서 할 수 없이 구렁이 자녀들과 인터뷰를 한다.
>
> 서울 신ㅇ초등학교 5학년 강ㅇ영

---

32) June Cottrell, *Creative Drama In The Classroom Grade 1-3*, Lincolnwood, 1987, p.124.

활동 결과

---

* : 구렁이군. 아버지가 까치를 죽이려고 한 행동에 대해 어떻게 생각하고 계
시는지요?

& : 우리 아버지는 그런 분이 아니에요. 우리 아버지가 왜 약한 동물을 죽이려
고 그러시겠어요.

* : 근데 여기 CCTV에 찍힌 걸 보니까 구렁이는 원래 공격 자세를 취할 때는
꼬리를 올리는데 여기도 꼬리를 올렸습니다. 그러면 이건 무엇입니까?

& : 죄송합니다. 우리 아버지가 얼마나 배가 고프셨으면 까치 새끼를 잡아먹
으려고 그러셨겠습니까? 제가 아버지의 죄를 대신 질 테니 한 번 만 용서
해 주십시오.

* : 네! 이상으로 구렁이 자녀의 거짓말이 탄로 났습니다. 이상으로 KJY방송을
마칩니다.

(* : KJY에서 면담을 하는 사람, & : 구렁이의 자녀들이 답하는 말)

서울 신○초등학교 5학년 강○영

제　목 : 인터뷰하기2

텍스트 : 은혜 갚은 까치

활동 인원 : 4명 (경찰관 2명, 부모 까치 2명)

활동 내용1 :

나. 대화하기

일반적으로 대화는 두 사람이나 그 이상의 사람들이 이야기를 주고받는
것을 말한다. 그러나 여기에서 말하는 대화는 학습자들이 극적 상황을 설정
한 다음, 극적 상황 속에서 이야기를 주고받는 과정을 말한다. 앞에 소개한
활동인 인터뷰의 단계보다 좀 더 복잡할 수 있다. 이런 인터뷰 활동에서는

인터뷰하는 사람도 중요하지만, 질문에 어울리도록 대답하는 사람의 역할이 더 중요하다. 그러나 '대화하기' 활동에서는 대화하는 사람들이 동등한 입장에서 상황을 만들어 가기 때문에 상황과 역할에 관해 더욱 깊은 이해가 필요한 것이다.

> 부모 까치들이 둥지로 돌아오기 전에 새끼 까치들이 사라졌다고 상상해 보아라. 부모 까치들은 자기 집이 엉망이 된 것을 발견하고, 경찰을 부른다. 네 명씩 모둠을 만들어라. 경찰관 두 명은 부모 까치에게 질문할 것이다. 형사들은 정보를 모으기 위해서 무슨 질문을 할 것인가? 까치들이 집을 나서면서 새끼 까치를 다른 곳에 맡겼을 가능성은 있는가? 뒤집어진 둥지, 여기저기 묻어 있는 핏자국, 빠진 깃털 외에, 누군가 둥지에 있었다는 다른 증거는 없는가? 당신은 구렁이가 그랬다는 결론을 어떻게 내리게 되었는가? (모둠이 면담을 끝낸 후, 교사는 경찰 국장 역할을 하여 학생들에게 보고서를 받는다. 이 활동은 짝(한 명은 형사, 한 명은 까치)으로 할 수도 있다.

제 목 : 대화하기
텍스트 : 은혜 갚은 까치
활동 인원 : 4인 1조 (까치 부모 2명, 다른 등장인물 2명)
활동 내용1 :

> 어떤 상황을 정하여 까치 부모와 다른 등장인물 2명이 대화를 한다. 학습자들에게 제시할 수 있는 상황은 많이 있다. 몇 가지 예를 소개하면 다음과 같다. 첫째, 새끼 까치가 사라지자, 새끼 까치를 찾기 위해 까치 부모와 친구 2명이 이야기를 주고받는다. 둘째, 구렁이 사건이 발생하기 이전 상황에서 까치 부모와 다른 등장인물 2명이 이야기를 한다.

활동 결과 :

등장인물 : 까순 엄마, 까순 아빠, 참돌 엄마, 참돌 아빠

까순 엄마 : 엉엉 …. 아이고 까순아! 엉엉.

까순 아빠 : (울먹이며) 울지 마시오. 찾을 수 있겠지 …. 내가 경찰서에 신고하고 오겠소.

엄마. 아빠 : 엉엉 …. 엉엉.

참돌 엄마 : 저쪽 숲에서 우는 소리가 들려요. 누구일까요?

참돌 아빠 : 그러게 말이요 …. 어! 잠깐만. 쉬이! 이건 까순 엄마 목소리 아니오?

참돌 엄마 : 네, 맞네요. 잠깐, 까순 아빠 목소리도 들려요.

참돌 아빠 : 빨리 가 봅시다.

까순 엄마, 아빠 : 흑흑흑, 까순아, 까순아! 너 어디 있는 거야? 응? 흑흑흑 …

참돌 엄마 : 까순 엄마! 까순 아빠!

까순 엄마 : 흑흑. 누구세요? 어머 참돌 엄마, 참돌 아빠 웬일이에요? 흑흑

까순 아빠 : 어서 안으로 들어오세요.

참돌 아빠 : 아, 예.

참돌 엄마 : 그런데 여쭤 보아도 되는자-. 저어 울음소리가 들려서요. 집에 무슨 일이라도-

까순 엄마 : 까순이가 …. 까순이가 …. 엉엉.

까순 아빠 : 아, 네. 저 까순이가 없어져서요 ….

참돌 아빠, 엄마 : 뭐라고요? 하하

까순 엄마 : (화를 내며) 아니 이럴 수 있어요? 지금 하나뿐인 딸이 어디 가 보이지 않는데 그나마 친하게 지내던 친구까지 남이 변을 당하였을 때 웃고 있으니 …. 내 참 서러워서 살겠나? 엉엉.

참돌 엄마 : 그게 아니에요. 호호호 까순이 우리 집에 있어요.

까순 아빠 : 뭐라고요?   참돌 엄마 : 그게 아니에요. 호호호 까순이 우리

집에 있어요.

까순 아빠 : 뭐라고요?

참돌 아빠 : 우리 집에서 참돌이와 잘 놀고 있습니다.

까순 엄마 : 아이고 엉엉 ….

참돌 엄마 : 아니? 왜 우세요? 정말이에요. 까순이 우리 집에서 참돌이랑
　　　　　놀고 있어요. 불러올까요?

까순 엄마 : 그게 아니고…. 그게 아니고…. 사실. 사실은… 매우 기뻐서
　　　　　요! 엉엉.

모두 : 뭐라고요? 호호호. 하하하.

서울신ㅇ초등학교 5학년 정ㅇ담

다. 토론하기

　동화 속에 나오는 장면 중에서 토론할 수 있는 부분을 골라 학습자에게 제시한다. 그리고 학습자들을 두 집단으로 나누어서 토론하도록 시간을 준다. 가장 쉽게 토론을 진행하는 방법은 학급을 두 집단으로 나누어서 토론하도록 하는 것이다. 토론할 때 학습자들이 더욱 많이 참여하도록 하기 위해서는 토론에 참여하는 인원을 줄이면 된다. 8명보다는 6명이, 6명보다는 4명이 토론할 때 자신의 의견을 말할 기회가 많아져서 상황에 따라 조절하면 된다. 가능하면 학습자들의 역할을 바꾸어서 토론하게 하거나, 가장 합리적인 결정에 도달하기 위해 서로 타협하도록 할 수도 있다.

제　목 : 토론하기

텍스트 : 배추 장수 아저씨

활동 인원 : 4인 1조 (찬성 2명, 반대 2명)

활동 내용1 :

여러분은 생명을 소중히 여긴 사람에게 상을 주는 단체의 심사 위원입니다. 배추 장수 아저씨를 추천하는 글을 읽고 토론을 시작합니다. 학급의 반은 배추 장수에게 상을 주자는 사람들이고, 나머지는 주지 말자는 사람들입니다. 여러 가지 근거를 들어서 토론을 해 봅시다.

활동 결과 : 찬성 토론자(안ㅇ리, 최ㅇ진, 손ㅇ주),

반대 토론자(박ㅇ연, 강ㅇ영)

안ㅇ리 : 요즘 작은 생명을 살려주는 사람들이 없어서 상을 주어야 한다고 생각합니다.

박ㅇ연 : 그러면 우리나라를 위하여 애쓰는 분들도 모두 상을 주어야 하지 않습니까?

최ㅇ진 : 당연히 상을 줘야 하지요. 하지만 나라를 위하여 애쓰는 분 중에는 국가 발전이나 발명을 하는 분들이 대부분이고 생명을 소중히 여기신 분들은 극히 없으니 저는 생명을 소중히 여긴 배추 장수 아저씨가 상을 받아야 한다고 생각합니다.

강ㅇ영 : 작은 생명을 구해 주는 것은 사람의 당연한 도리입니다. 당연히 해야 할 일을 했기 때문에 상을 꼭 주어야 할 이유는 없다고 생각합니다.

안ㅇ리 : 요즘 교통사고 나서 뺑소니치는 차도 있는데 생명을 중요하게 생각하기 때문에 상을 주어야 한다고 생각합니다.

손ㅇ주 : 전 아까 ㅇ진이의 말에 반대합니다. 왜냐하면, 생명을 소중히 여긴 사람은 수없이 많습니다. 소방관 아저씨들도 우리나라 사람들을 위해 자기 목숨을 바쳐 돌아가신 분들도 있습니다. 그래서 생명을 소중히 여긴 사람은 많다고 생각하니까 배추 장수 아저씨는 상을 받지 않아도 된다고 생각합니다.

(서울신ㅇ초등학교 5-1 학생들)

라. 즉흥표현하기

일반적으로 앞에서 제시한 교육연극 활동 몇 가지를 해 보면, 학습자들은 즉흥 표현을 할 수 있다. 즉흥표현의 방식에 관해 존 워렌은 다음과 같이 말했다.

> 즉흥표현에는 몇 가지 방식이 있는데 시간적인 구성에서 이전과 이후를 생각해 보게 하여 이야기를 확장하는 방식과 동화 텍스트의 주제나 소재와 관련된 정해진 이야기 틀을 뛰어넘어 즉흥 표현을 하는 방식이 있다.[33]

동화 텍스트에 등장하지 않는 어떤 인물을 추가한다든지, 인물의 역할을 바꾸어 보는 방식도 있다.

즉흥표현 활동을 하려면 먼저 학급을 활동에 적당한 집단으로 나누고 각각의 집단이 표현할 장면을 제시해야 한다. 즉흥표현에 자신감이 부족한 경우엔 몇 분 동안 의논을 하거나 연습할 수 있는 시간을 주면 된다. 몇 번 활동해서 자신감이 생기면, 의논하거나 연습을 하지 않고 즉흥 표현을 할 수 있게 된다.

제　목 : 즉흥표현 하기
텍스트 : 진주를 삼킨 거위
활동 인원 : 1명(나그네 1명)
활동 내용1 :

---

33) John Warren Stewig et al, *Dramatizing Literature in Whole Language* Classrooms, Columbia University, 1994. pp.96-97.

> 진주를 훔쳤다고 의심받는 나그네는 주막집 거위를 자기 옆에 묶어 놓도록 부탁한다. 그런데 아무리 기다려도 거위에게서 진주가 나오지 않는다. 어떻게 하면 위기를 모면할 수 있을지 즉흥표현을 해 보자.

활동 결과 : 발표자 (김ㅇ은, 강ㅇ주, 김ㅇ환)

김ㅇ은 : (거위의 배를 가르고 진주를 꺼낸다)

강ㅇ주 : (거위의 배를 초음파 검사기로 검사한다)

김ㅇ환 : (먹이를 많이 먹여 변이 나오게 한다)

김ㅇ은 : (변비약을 사서 거위에게 먹인다)

강ㅇ주 : (거위를 잡아서 진주를 찾고, 구워서 고기도 먹는다)

김ㅇ은 : (나그네가 곤장 100대를 그냥 맞아 버린다)

(서울신ㅇ초등학교 5학년 학생들)

Ⅴ. 교육연극을 적용한 동화 교수-학습 방안

지금까지는 동화를 교육연극으로 지도할 때 사용되는 교수학습 방법들을 실제 적용 사례와 더불어 제시하였다. 이 장에서는 동화에 교육연극을 적용할 때 필요한 교수학습 안을 구안하는 절차와 순서를 살펴보도록 하겠다. 이를 바탕으로 교육연극을 적용한 동화 교수학습 모형과 학년별 지도안 및 수행평가 도구를 제시할 것이다. 이를 위해서 지금까지 발표된 문학 교수학습 모형들을 살펴보고, 그 모형의 체계, 구조, 학습 내용 등도 고찰하고자 한다.

1. 선행 교수-학습 모형 검토

가. 기존 교수-학습 모형 검토

여기에서는 기존 문학 교수학습 모형 중에서 몇 가지 모형을 살펴보도록 하겠다. 먼저 지금까지 초등학교 동화 제재에 가장 많은 영향을 미친 구인환의 모형을 살펴보기로 하자.

   Ⅰ. 계획 단계
　　1. 수업목표 설정
　　2. 교육 내용으로서의 텍스트 분석
　　3. 교수 자료 선정(비평텍스트, 감상텍스트, 텍스트 배경 자료)
　　4. 평가 목표 설정
   Ⅱ. 진단 단계
　　1. 소설에 대한 사전 지식 진단
　　2. 텍스트와 관련된 선 체험 진단
　　　(1) 내용과 관련된 선 체험 진단

(2) 양식과 관련되는 미적 체험 진단

III. 지도 단계

  1. 텍스트에 대한 개괄적 접근

    (1) 작품 읽기

    (2) 인물·사건·배경의 파악

    (3) 관련 경험의 재생과 경험의 교환

  2. 텍스트에 대한 분석적 접근

    (1) 텍스트의 창작배경 파악

    (2) 플롯과 스토리의 관계 파악

    (3) 텍스트의 갈등구조 파악

    (4) 서술방식과 주제와의 관련성 파악

    (5) 소설의 제요소간의 관련성 파악

    (6) 소설적 세계와 인물에 대한 심화된 이해

  3. 텍스트의 종합적 재구성

    (1) 소설 내·외적 세계의 상호 관계 파악

    (2) 작가와 작중인물의 삶에 대한 자세 이해

    (3) 허구적 세계의 간접 체험

IV. 평가 단계

  1. 소설교육 목표와 관련하여 평가 내용 범주 정하기

  2. 텍스트 본질과 관련하여 평가 방법 범주 정하기

  3. 평가 결과 송환하기

V. 내면화 단계

  1. 텍스트 상호성의 확대

  2. 가치화의 지속 및 인식 확충

  3. 간단한 소설작품 쓰기 및 텍스트에 대한 평문 쓰기

    (구인환(1998)의 소설수업의 절차모형)[34]

이 모형은 1988년 처음 소개된 이후 몇 차례의 개정을 통해서 더욱 세련된

---

34) 구인환 외, 문학교육론, 삼지원, 1988, pp.287-288.

교수·학습 모형으로 자리를 잡았다. 그렇지만 Ⅲ. 지도 단계를 보면 알 수 있듯이, 이 모형은 텍스트와 교사를 중심으로 마련한 모형이라는 점에는 전혀 변함이 없다. 비록 구인환이 제시한 모델에는 없는 학습자들을 고려하는 부분도 첨가되었지만, 이 모형은 전체적으로 텍스트와 교사 중심의 관점에서 만들어진 것이다. 텍스트와 교사 중심으로 짜진 모형을 통해 문학교육을 하면 학습자들의 적극적인 참여를 이끌어내는 데 어려움이 많다. 특히 초등학교 학습자들이 동화를 학습할 때 이 모형으로 공부하면 학습자들의 참여 정도는 소극적이다. 초등학교 학습자들이 구인환의 모형으로 동화를 학습하면 교수·학습 모형 자체가 동화 텍스트를 중심으로 하므로 동화에 대한 분석에 매달리지 않을 수 없게 된다. 그 결과 초등학교 학습자들은 동화에 관해 점점 흥미를 잃게 되어, 학습에 소극적으로 참여하는 결과를 가져오는 것이다.

하지만 이 모형에 적용된 평가를 살펴보면, 평가를 수업과 분리하여 생각하고 있는 관행과는 다른 관점을 발견할 수 있다. 평가를 위한 평가가 아니라 평가 결과가 학습자에게 송환되도록 한 점은 시사하는 바가 크다. 그렇지만 생태적인 관점에서 평가를 바라보고, 평가가 수업과 더욱 밀접하도록 연결되지 못한 점은 아쉬움이라 할 수 있다.

다음으로 경규진이 제시한 교수·학습 모형을 살펴보기로 하자. 이 모형은 문학교육의 교수·학습 모형에서 학습자의 역할을 강조한 최초의 모형이다.

1단계 : 텍스트와 학생의 거래 → 반응의 형성
  (1) 작품 읽기 : 심미적 독서 자세의 격려
    · 텍스트와의 거래 촉진
2단계 : 학생과 학생 사이의 거래 → 반응의 명료화
  (1) 반응의 기록 : 짝과 반응의 교환
  (2) 반응에 대한 질문

- 반응을 명료히 하기 위한 탐사 질문
- 거래를 입증하는 질문
- 반응의 반성적 질문
- 반응의 오류에 대한 질문

(3) 반응에 대한 토의(또는 역할 놀이)
- 짝과의 의견 교환 · 소그룹 토의 · 전체 토의

(4) 반응의 반성적 쓰기
- 반응의 자유 쓰기(또는 단서를 놓은 쓰기)
- 자발적인 발표

3단계 : 텍스트와 텍스트의 상호 관련 → 반응의 심화
(1) 두 작품의 연결
(2) 텍스트 상호성의 확대
* 태도 측정

(반응 중심 교수학습 모형의 수업 단계)[35]

이 모형은 로젠블렛의 교류적 관점을 끌어들여 학습의 단계를 독자와 텍스트와의 거래, 독자와 독자 사이의 거래, 텍스트와 텍스트의 상호 관련의 3단계로 설정하였다. 앞에서 살펴본 구인환의 모형에 비해 학생의 반응을 강조하고 있음을 알 수 있다. 경규진이 제시한 반응 중심 문학 교수학습 모형은 객관주의 학습관이 아닌, 학습자의 자발성과 의미 구성 능력을 존중하는 구성주의 학습관을 바탕으로 하고 있다.

그런데 초등학교 학습자의 발달 단계와 스키마를 생각해 볼 때 수업 단계에 대한 조정이 필요하다. 먼저 '1단계 : 텍스트와 학생의 거래' 이전에 텍스트에 대한 흥미와 관심을 끌어낼 수 있는 단계가 필요하다. 학습자가 더욱 적극적으로 책을 읽을 수 있게 하려면 다음과 같은 방법을 사용할 수 있다. "텍스

---

35) 경규진, 반응 중심 문학교육의 방법 연구, 서울대학교, 1993.

트를 읽은 다음, 텍스트의 내용을 행위로 표현하도록 하겠어요. 각자 어떤 장면을 표현하면 좋을지 생각하면서 읽도록 하세요." 학습자들이 책을 읽기 전에 교사가 이러한 말을 하면 텍스트를 읽는 학습자들의 태도는 크게 달라진다. 교사가 교육연극에 대한 생각을 가지고 수업을 하면, 학습자의 스키마를 자극하고, 텍스트 의미 구성 활동을 활성화하기 때문이다.

둘째, 텍스트와 텍스트의 상호 관련이라는 3단계는 학습자의 인지 능력에 맞게 탄력적으로 운영되어야 한다. 초등학교 학습자들이 이 단계를 수행하기 위해서는 학습자의 발달 단계, 학습자가 가지고 있는 텍스트에 대한 스키마, 텍스트를 상호 관련시키는 방법과 절차 등과 같은 것들이 밝혀져야 할 것이다.

마지막으로 이수동이 제시한 연극적 방법의 시 수업 모형을 살펴보자. 이 모형은 초등학교 학습자를 대상으로 시 수업을 하는 모형을 구안하였는데 연극적 방법을 국어교육에 최초로 적용했다는 것이 특징이다.

단계	활 동 내 용		시텍스트와의 관계
	참여자의 활동	지도자의 활동	
시적 상황 파악하기	시텍스트와의 친밀감 갖기 이미지 만들기 소리로 표현하기 움직임으로 표현하기	학습 독자의 마음 열기 허용적 분위기 조성하기	시텍스트와의 감성적 교류
시적 화자 되어보기	시적 화자 찾기 감정 이입하기 역할 놀이하기	참여자의 역할 안내 칭찬하고 격려하기	참여자의 의식 투영, 시텍스트와의 심미적 교감
표현 활동 계획 세우기	역할 분담하기 상상하여 이야기 꾸미기 소품 제작하기	자료 제공하기	시텍스트 미정성의 공간 구성
표현 활동 하기	발표하기 모든 교육 연극적 표현 방법 동원하기	칭찬하고 격려하기	심미적 구체화
의미 협상 과정 거치기	상호 질문하고 대답하기	질문에 참여하기	시적 체험의 공유, 개연성 확보

(표 V-1-가) 연극적 방법의 시수업 모형[36]

이 모형은 학습자들이 동화를 학습할 때 어떤 단계를 거치는지에 관해서 5단계로 나누어 설명하고 있다. 학습자들이 연극적 방법으로 시수업을 하는 과정과 교사의 역할도 제시하고 있다. 앞에서 살펴본 경규진의 모형보다 초등학생을 대상으로 하고 있다는 점과 문학 영역 중에서도 시영역을 선택하여 초등학생들의 시학습을 모형으로 만들었다는 것이 다른 점이지만, 학습자의 반응을 중시하는 문학이론을 근거로 하고 있다는 점은 같은 맥락이라 할 수 있다.

이수동의 모형은 경규진의 모형과 같이 학습자의 반응을 중시하고 있지만 개선되어야 할 문제점이 몇 가지 있다. 3단계 '표현 활동 계획 세우기'를 보면 학습자들이 텍스트의 빈자리를 채우게 되어 있는데, 이 활동을 통해서 학습자들은 수동적인 존재로 남을 수 있다. 학습자들이 능동적인 존재로 활동할 수 있도록 하기 위해서는 재구성 활동을 통해 표현할 내용과 형식에 대한 선택권도 교사로부터 학습자에게 이양되어야 한다. 이 책에서는 이를 반영하여 3단계에서 '새로운 상황 설정하기'를 두어 학습자들이 능동적으로 학습하도록 했다.

이수동 모형 4단계 '표현 활동하기'를 보면 모든 교육연극 방법을 동원하여 발표하도록 하고 있다. 그런데 논문에 제시된 교육 연극적 표현 방법을 보면 비언어적 활동 내용은 풍부하지만, 언어적 방법은 다소 부족하다. 그래서 이 책에서는 언어적 방법으로 '인터뷰하기', '대화하기', '토론하기', '즉흥 표현하기'를 제시하여 비언어적 활동에서 구성한 내용을 음성언어로 표현할 수 있도록 하였다.

이수동 모형 5단계 '의미 협상 과정 거치기'를 보면 참여자들은 '상호 질문하고 대답하기' 전략을 사용하도록 했는데, 이 방법을 사용하게 되면 학습 과정의 밀도가 떨어지는 문제가 생긴다. 물론 서로 묻고 대답하는 활동에 큰

36) 이수동, 시교육 매체로서의 연극적 방법 적용 연구, 서울교육대학교, 1998, pp. 64-65.

문제가 있는 것은 아니다. 이 전략으로도 의미 협상 과정을 전개할 수 있기 때문이다. 그렇지만 이 책에서 5단계 '문학적 체험 공유하기'에 사용할 전략으로 '토론하기', '즉흥 표현하기'를 사용하도록 제시한 것은 학습자들이 학습에 호기심과 재미를 계속 느낄 수 있어야 학습의 밀도가 높아진다고 판단했기 때문이다. 이 점은 이 책에서 제시한 교수학습 모형을 학습자들에게 제시했을 때 나타나는 학습자들의 반응을 통해 살펴볼 것이다.

나. 교수-학습 모형 구안 시 유의점

앞에서는 선행 교수학습 모형을 토대로 교수학습 모형을 구안할 때 유의할 점을 살펴보았다. 이와 더불어 교수학습 모형을 구안할 때 고려해야 할 것은 교수학습 모형의 상위 지도 원리인 문학교육의 지도 원리이다. "문학교육의 지도 원리에는 쾌락의 원리, 상상의 원리, 체험의 원리, 감화의 원리가 있다."[37] 이러한 원리들을 바탕으로 모형을 구안할 때 유의할 점을 들면 다음과 같다.

첫째, 동화 텍스트를 심미적 교감의 대상으로 보고 접근해야 한다.

둘째, 동화의 의미를 파악할 때 작품이나 작가의 의도보다 동화 학습자가 어떻게 받아들이는가에 초점을 맞추어야 한다.

셋째, 동화의 의미 파악은 행위 체험을 통해 이루어져야 한다.

넷째, 동화 학습자의 상상력이 발현되도록 교수학습 안을 작성해야 한다.

다섯째, 동화 학습자의 창의력이 충분히 발현되도록 교수학습 안을 계획해야 한다.

여섯째, 교수학습 과정에 학습자 상호 간의 의미 협상 과정을 두어 학습자들의 체험이 서로 공유되도록 해야 한다.

---

37) 황정현 외, 초등 국어과 교육론, 박이정, 1998, pp.94-95.

이상 여섯 가지 문학의 지도 원리와 앞에서 살펴본 선행 교수·학습 모형을 근거로 교육연극을 통한 동화교육 교수·학습 절차 및 모형을 제시하면 다음과 같다.

2. 교수-학습 절차 및 교수-학습 모형

먼저 교수·학습의 절차를 살펴보자. 교육연극을 적용한 동화 교수·학습 절차는 5단계로 제시될 수 있는데, 1단계 '동화의 의미 파악하기', 2단계 '동화 속 인물 되어 보기', 3단계 '새로운 상황 설정하기', 4단계 '심미적 체험 확대하기', 5단계 '문학적 체험 공유하기' 가 그것이다.

가. 교수-학습 절차

1) 동화의 의미 파악하기

동화 텍스트에 흥미를 갖고, 동화의 표면에 나타난 의미를 파악하는 단계이다. 동화의 의미 파악하기 단계에서는 동화를 읽고 내용을 파악하는 축어적 이해의 단계와 앞에서 제시한 교육연극 방법 중에서 비언어적 방법을 주로 활용하여 레포를 형성한다. 비언어적 방법은 학습자들이 동화 텍스트와 정서적, 감성적으로 교류할 수 있게 해 주어 학습에 흥미를 갖게 할 뿐만 아니라, 교사와 학습자, 학습자 상호 간에 벽을 허무는 작용을 하기 때문이다.

2) 동화 속 인물 되어 보기

학습자들은 동화를 읽을 때 보통 동화 속 인물에 자신의 생활과 인식 세계를 투영시킨다. 그리고 동화를 읽는 과정에서 학습자들은 동화 속 인물과 일치감을 느끼거나 어떤 인물에 관해서는 거부 반응을 보이는 등 심미적인 체험이 일어난다. 학습자들은 현실 속에서 해소하지 못한 자신의 감정을 동화 속 인물을 통해 발산하는데 이 때 카타르시스를 맛보게 된다. 이 단계에서는 면담하기와 대화하기 같이 감정이입을 할 수 있는 언어적 방법과 1인 또는 짝으로 하는 마임이 효과적이다.

3) 표현활동 준비하기

이 단계에서는 동화에 제시된 장면을 골라 새로운 관점에서 생각해 보거나, 동화에 제시되지 않은 어떤 상황을 설정하여 동화 텍스트에 대한 이해를 심화시키는 단계이다. 동화 텍스트에 제시된 틀에 수동적으로 안주하는 것이 아니라 자신의 처지에서 동화 텍스트를 능동적이고 적극적으로 재구성하는 것이다. 이 단계를 통해 학습자들은 동화를 다른 사람의 이야기로 여기지 않고, 자신의 생활과 연결해 통합적으로 바라보는 안목을 갖게 된다.

4) 표현활동하기

앞 단계에서 설정한 상황을 교육연극 방법으로 구체화하는 단계이다. '마임', '인터뷰하기', '대화하기'와 같은 방법으로 자기 생각을 표현하는 과정을 통해 학습자들은 스스로 동화 텍스트의 의미를 구체화하고 확대하는 것이다. 동화 텍스트에 제시된 내용을 현실화시키는 것이 아니라 자기 생각을 재현하기 때문에 다양한 내용이 만들어질 수 있다. 이처럼 다양한 내용을 생각하고 표현하는 학습 과정이 바로 창의적인 학습 과정이다.

5) 교류하기

이 단계를 통해 학습자들은 자신의 체험뿐만 아니라 다른 사람의 체험을 직접 보고 느끼면서 동화 텍스트에 대한 의미를 객관화하게 된다. 이 단계에

서 적용 가능한 교육연극 방법으로는 '집단 마임', '토론하기', '즉흥 표현하기'
와 같이 상호작용이 활발한 방법이 효과적이다. 자신과 타인의 생각을 객관
화하여 메타(metaphors)적으로 인식할 수 있을 때 학습자들은 창의적인 사고
를 할 수 있다.

나. 교수-학습 모형

1) 교수-학습 모형

동화 교수학습의 절차에 따라 교육연극 방법을 적용한 수업 모형을 제시
하면 다음과 같다.

단 계	활 동 내 용		동화 텍스트와의 관계
	학습자 활동	교사 활동	
동 화 의 의 미 파악하기	· 동화 텍스트를 읽고 축어적으로 이해하기 · 비언어적 표현하기	· 학습자와 레포 형성하기 · 동화 텍스트 안내 하기	· 축어적 이해 · 동화 텍스트와 감성적 교류
동 화 속 인 물 되어보기	· 등장인물 파악하기 · 등장인물 면담하기 · 등장인물이 되어 대화하기	· 학습자 의견 경청 하기 · 학습자 격려하고 칭찬 하기	· 동화 텍스트 해석
표현활동 준비하기	· 미정성의 공간 구성하기 · 재구성할 장면 선택하기	· 허용적인 분위기를 조성하여 즐겁게 참여 하도록 하기 · 적극적인 참여 권장 하기	· 동화 텍스트 재구성
표현활동 하 기	· 각자의 생각을 교육연극 적 방법으로 표현하기	· 학습자 표현 관찰 하기 · 표현한 내용 칭찬하고 격려하기	· 교육연극적 방법 으로 구체화
교 류 하 기	· 텍스트 해석에 대한 의사소통을 거쳐 집단 마임으로 표현하기 · 반대되는 입장에서 토론하기 · 즉흥적으로 상황을 계획하고 활동하기	· 의사소통 원활하게 하도록 격려하기 · 즉흥 상황 안내하기 · 독창적인 생각과 표현 을 관찰하고 칭찬하기	· 동화 텍스트에 관한 메타적 인지 · 동화 텍스트에 관한 여러 표현을 통해 창의성에 관해 인식하기

(표 V-2-가) 교육연극 방법을 적용한 동화 교수·학습 모형

2) 교수-학습 안

단원 : 12. 눈을 감아도 보여요 (5-2)

> **목표 : 이야기를 읽고, 교육연극 방법을 통해 상황과 인물에 대해 알아보자.**

수업단계	단계별 주요 활동 주제	활 동 내 용		유의점
		교사 활동	학습자 활동	
동화 의미 파악 하기	축어적 이해 허용적 분위기 형성	· 동화를 읽도록 하고 축어 적인 이해 확인하기 · 떡을 파는 사람이 되어 마 임으로 떡을 팔아 보세요 · 칭찬과 격려를 많이 해 준다	· 동화를 읽고 파악한 내용 말하기 · 의자에 앉아서 표현하기 도 하고 일어나서 움직이 면서 표정을 짓는다. · 창의적인 방법으로 표현 한다. · 물체를 이용하여 표현한다.	활동을 하면서 어 떤느낌이 드는지 잘 관찰하도록 한다.
동화 속 인물 되어 보기	심미적 교감	· 멀겋게 쌀물을 끓여서 마 시는 처녀나 다른 처녀와 면담을 해 봅시다. · 달래가 되어 떡을 만들고, 팔아 봅시다.	· 쌀물을 마시는 처녀의 모 습이 날이 갈수록 어떻게 되는지 몸으로 표현 한다. · 방송국 기자가 되어 쌀물 을 마시는 처녀와 면담을 한다. · 떡을 만들 때 독특한 방법 으로 만든다. · 떡을 판매할 때 사람들과 어떤 말을 주고받는지 표 현한다.	말을 사용하여 텍 스트에 제시된 사 항을 정확하게 표 현해 보게 한다.
표현 활동		· 요즘 사람 중에서 임금님 의 외아들에 해당하는 사 람은 누구일까?	· 각자 생각하는 사람을 표 현하기 위해서 친구들과 의논한다.	

준비 하기	표현활동 준비하기	· 모여든 사람 중에서 한 명을 고르는 방 법을 생각해 보자.	· 모여든 사람들은 누구이고, 어떻게 고를 것인지 의논한다. · 등장인물이 누구인지 생각해 보고 역할을 정한다.	교사는 몇 가지 예를 통해 안내만 하고 학생 스스 로 상황을 설정 해 보도록 한다.
표현 활동 하기	심미적 체험 확대하기	· "10만 원씩 주고, 한 달 동안 먹다가 다 시와라"라는 문제를 해결해 보자. · 비언어적 활동, 면 담하기, 대화하기와 같은 교육연극 방법 을 적용하여 표현해 보자.	· (대화하기) 방법을 활용하여 표현할 수 있다. · (면담하기) 방법을 활용하여 표현할 수 있다.	'달래'를 새롭게 해석하고 표현하 도록 한다. (남 학생은 신부, 여 학생은 신랑을 전제로 생각하도 록 할 수 있다)
교류 과정	심미적 체험 공유	· 모둠별로 표현할 준 비를 한다. · 교육연극 방법을 적 용하여 발표한다. · 표현한 내용에 대해 서로 질문하고 대답 한다. · 달래와 자신을 비교 해 보자.	· 3명씩 한 모둠을 만들어 표현 할 내용에 대해 협의하기 · 4명이나 6명씩 한 모둠을 만들 어 토론 형식으로 표현하기 · 교사나 친구들이 제시하는 상황에 맞게 즉흥적으로 한다.	소품이나 의상, 분장과 같은 것 에 신경을 쓰지 않도록 한다.

(표 V-2-나) 교육연극 방법을 적용한 동화 교수·학습 안

위에서 제시한 교육연극 방법의 동화교육 수업 모형에 따른 수업안의 전개 과정을 살펴보면 지금까지 초등학교 국어과 문학 영역 수업에 대부분 사용되 고 있는 교과서와 교사용 지도서의 수업안과는 차이가 많다는 것을 알 수 있다. 제 6차 교육과정 교과서에 제시된 방법은 다음과 같다.

> **목표 : 이야기를 읽고, 인물의 성격이나 마음 상태를 알아보자.**

   1. 인물의 성격이나 마음 상태를 어떻게 표현하였는지 생각하며 '달래'를
      읽어보자.
   2. '달래'를 읽고, 물음에 답하여 보자.
     (1) 임금님은 슬기로운 며느리를 구하기 위하여 어떻게 하였는가?
     (2) 처녀들은 임금님이 내신 문제를 어떻게 풀고자 하였는가?
     (3) 한 달이 지나 궁궐로 들어오는 달래의 마음은 어떠하였을까?
     (4) 임금님이 내신 문제를 풀어 가는 과정을 볼 때, 달래의 성격은 어떠
        하다고 할 수 있는가?
   3. 2에서 답한 내용을 바탕으로 하여, 달래의 성격이나 마음 상태를 알아
      보자.

    교과서에 제시된 방법은 동화 텍스트에 제시된 내용을 파악하는 방식으로
되어 있다. 동화 텍스트에 제시된 인물의 성격이나 마음 상태를 파악하기 위
해 학생들이 책을 읽고 답을 찾은 다음 교사의 질문에 답을 하는 과정을 통해
이를 답이 맞는지 확인하는 것이다. 교과서에 제시된 내용을 살펴보면, 학습
자의 심미적 체험이나 창의적인 해석 및 수용에 관한 언급은 찾아볼 수 없다.
학습자들이 동화 텍스트를 수동적으로 인식하고, 주어진 틀 안에서 생각하도
록 하고 있을 뿐이다. 이러한 방법으로 동화교육을 하는 것은 '창의적인 국어
사용 능력'을 기른다는 국어과 교육과정의 목표를 실현하는 데 한계가 있다.
    그러나 이 장에서 제시하고 있는 교육연극 방법을 적용한 동화교육 수업
모형에 따른 수업안의 목표는 '이야기를 읽고, 상황과 인물에 관해 여러 가지
방법으로 표현해 보자'라고 함으로써 동화 텍스트를 다양한 시각으로 해석하
고 수용하도록 하였다. 작가가 제시한 작품의 내용이나 주제를 찾아가는 것
이 아니라, 동화 텍스트에 대한 학습자들의 생각과 느낌을 자유롭게 표현하

고 다양한 시각에서 살펴보게 함으로써 '창의적인 국어사용 능력'을 기르는 것이다.

3. 학년별 동화 교수-학습 안

지금까지 교육연극 방법을 적용한 일반적인 동화 교수·학습 모형을 토대로 교수·학습 안을 제시하고, 이에 관해 살펴보았다. 그러나 동화교육의 교수·학습이 모두 이러한 일반적인 교수·학습 모형으로 이루어지는 것은 아니다. 그 것은 학년에 따라 동화교육의 내용과 목표가 달라지기 때문이다. 저학년인 1·2학년은 동화를 읽고, 인물에 대한 생각이나 느낌 말하기, 동화를 즐겨 찾아 읽는 습관 기르기, 중학년인 3·4학년은 이야기에 나오는 인물이 되어 어울리는 어조나 말투로 말하기, 동화를 창의적으로 재구성하기, 고학년인 5·6학년은 동화는 읽는 이에 따라 다르게 수용됨을 알고, 동화의 한 부분을 창조적으로 바꾸어 쓰기로 동화교육의 심도가 달라진다. 또한 문학적 지식의 측면에서도 저학년에서는 동화에 표현된 재미있는 말 찾기, 중학년에서는 인물, 사건, 배경 파악하기, 고학년에서는 문학의 갈래 알기, 사건의 전개 과정과 인물의 관계 알기 등에 주안점을 두도록 되어 있다. 따라서 교육연극을 적용한 동화 교수·학습 모형은 학년에 따라 중심 활동을 달리하여야 한다.

교육연극 방법을 적용한 동화 교수·학습 모형을 단계에 따라 나눠 보면, 동화의 의미 파악하기, 동화 속 인물 되어 보기, 표현 활동 준비하기, 표현 활동하기, 교류하기로 구분할 수 있다. 그리고 각 단계의 주요 활동 주제는 허용적 분위기 형성, 심미적 교감, 표현 내용 재구성, 심미적 체험 확대, 심미적 체험 공유라 하겠다. 이 과정은 대체적으로 저학년에서 고학년으로 올라갈수록 동화의 의미 파악하기 단계에서 교류하기 단계로 활동의 중심이 바뀌고 있다.

이를 도표로 나타내면 (표 V-3-가)과 같다.

활동주제＼수업단계	동화의미 파악하기	동화 속 인물 되어 보기	표현 활동 준비하기	표현 활동하기	교류하기
심미적 체험 공유					고학년 (방법 〈내용)
심미적 체험 확대하기					
표현 내용 재구성하기		중학년 (방법=내용)			
심미적 교감					
허용적 분위기 축어적 이해	저학년 (방법〉 내용)				

(표 V-3-가) 교육연극 방법을 적용한 동화 교수-학습 모형의 학년별 중심 활동 영역

여기에서 가로축에 해당하는 동화 교수-학습 모형의 단계는 교육연극 방법의 ‘행위적 표현 과정’에 해당하는 축이다. 또 세로축에 해당하는 동화 교수-학습 모형의 활동 주제는 교육연극 방법으로 ‘동화를 스스로 구성하는 과정’을 수행하는 축으로 구성주의 원리에 따른 활동 단계이다. 그러나 이 두 축은 서로 독립적으로 이루어지는 것이 아니며 상호 의존적 과정이라 할 수 있다.

저학년에서 교육연극을 적용한 동화 교수-학습은 동화 의미 파악하기 단계나 동화 속 인물 되어 보기의 단계를 중심으로 동화와 허용적 분위기 속에서 심미적 교감을 나누는 활동을 주로 하게 된다.

중학년에서 교육연극을 적용한 동화 교수-학습은 '동화 속 인물 되어 보기'나 표현 활동 준비하기 및 표현 활동하기 단계를 중심으로 이루어지는데, 주

된 활동은 동화와 심미적 교감을 갖고, 동화 내용을 교육연극 방법을 적용하여 재구성하는 활동이다.

고학년에서 교육연극을 적용한 동화 교수학습은 표현 활동하기와 교류 과정의 단계를 중심으로 이루어지는데, 주된 활동은 학습자의 심미적 체험을 교육연극 방법으로 구체화하고 확대하는 활동과 학습자들의 확대된 체험을 교류함으로써 주관적인 동화 인식을 개연성 있는 인식으로 통합·조정하는 활동이다.

가. 저학년

저학년에서는 동화를 찾아 즐겨 읽는 습관이 형성되어야 한다. 이를 위해서는 동화를 읽는 것이 재미있음을 발견하고, 가슴 뭉클한 감동을 하는 경험을 하여야 한다. 그리고 동화를 읽은 후 활동으로 마임, 인터뷰하기를 통해 이런 경험을 확대하고 교류할 수 있게 해 주어야 한다.

단원 : 12. '원숭이의 재판' (1학년 2학기)

> 이야기를 읽고, 인물의 행동에 대하여 나의 생각이나 느낌을 말해 봅시다.

이 동화는 초등학교 1학년 2학기 읽기 책에 제시된 것이다. 교과서에 제시된 이 단원의 목표와 학습 내용은 다음과 같다.

> '원숭이의 재판'을 읽고, 물음에 답하여 봅시다.

(1) 고깃덩어리가 서로 자기 것이라며 여우와 늑대가 다툰 이유는 무엇인가요?

(2) 원숭이는 여우와 늑대가 다투는 것을 보고, 무슨 말을 하였나요?

(3) 원숭이는 여우와 늑대의 고깃덩어리를 왜 번갈아 가며 베어 먹었나요?

(4) 여우와 늑대가 고깃덩어리를 한 점도 먹지 못하게 된 까닭은 무엇일까요?

(5) 고깃덩어리를 한 점도 먹지 못한 여우와 늑대는 어떤 생각을 하였을까요?

여우와 늑대가 한 일과 비슷한 경험이 있으면 말하여 봅시다.
늑대와 원숭이의 행동에 대하여 나의 생각이나 느낌을 말해 봅시다.

저학년 동화교육의 주요 목표와 내용은 동화를 읽고, 작품 속의 인물에 대한 생각이나 느낌을 말하게 하는 것과 동화를 즐겨 찾아 읽는 습관을 기르게 하는 것이다. 따라서 본 단원의 수업 목표도 '이야기를 읽고, 인물의 행동에 대하여 내 생각이나 느낌을 말해 봅시다.'이다. 인물의 행동에 대한 생각이나 느낌을 말해 봄으로써 동화에 관해 흥미를 갖게 하고, 동화를 즐겨 읽는 습관을 기르도록 하고자 하는 의도이다. 그러나 본 수업의 과정을 살펴보면 생각이나 느낌을 어떻게 말해야 하는가에 대한 방법을 충분히 제시하지 못하고 있다. 결국, 교사가 질문하고 학생이 대답하는 방식 이외에 다른 방법을 떠올릴 수 없다. 그렇게 되면 교과서에 제시된 학습 내용처럼 무미건조해질 수밖에 없다. 결국, 학습자가 동화를 학습할 때 정서적인 부분이나 감동을 하는 일은 교수학습 과정에서 강조되지 않는 것이다.

본 단원에서는 동화에 대한 내용 파악에만 머무르지 않고 느낌과 생각을 말한다든지, 비슷한 경험을 말하도록 하여 학습자의 심미적 체험과 이를 확대하고자 시도한 흔적이 엿보인다. 그러나 체험의 정도가 피상적일 뿐 실제 수업 과정은 기존의 일반적 읽기 교수학습 과정과 크게 다르지 않다.

따라서 본 단원은 동화의 내용을 학습자가 능동적, 체험적으로 인지하도록 하여 동화에 재미를 느낄 수 있도록 동화 교수학습이 마련되어야 한다. 그러기 위해선 동화 텍스트에 제시된 내용을 학습자가 어떻게 경험하게 하느냐 하는 것이 본 교수학습의 요체인 것이다. 따라서 이 책에서는 이를 위해 동화 학습자가 동화의 내용을 구체적으로 체험하고 이를 능동적으로 재구성할 수 있는 교육연극 방법을 통한 교수학습 안을 다음과 같이 제시하여 보았다.

> **이야기를 읽고, 인물의 행동에 대한 생각을 말해 보자.**

수업 단계	단계별 주요 활동 주제	활 동 내 용 교수 - 학습 활동	유의점
동화 의 의미 파악 하기	축어적 이해 허용적 분위기 형성하기 (비언어 적 활동 하기)	〈동화를 읽고 동화 내용 파악하기〉 〈해설이 있는 마임 활동〉 - (3명씩 짝을 지은 다음 역할을 정한다) 숲 속에 욕심 많은 여우와 늑대가 있습니다. 둘은 길을 걸어갑니다. 커다란 고깃덩어리를 발견합니다. 늑대가 재빨리 달려가 잡습니다. 여우도 잡습니다. 서로 잡아당기면서 싸웁니다. 원숭이가 지나갑니다. 여우와 늑대를 보고 도와주겠다고 합니다. 크기를 다르게 나누어 둘에게 줍니다. 크기가 작은 쪽이 투덜거립니다. 큰 쪽을 베어 먹습니다. 투덜거립니다. 베어 먹습니다. 또 투덜거립니다. 베었습니다. 원숭이가 다 먹어 버리고 달아납니다. 여우와 늑대는 입맛만 다십니다.(역할을 바꾸어서도 해 보자)	· 활동을 하면서 어떤 느낌이 드는지 잘 관찰하도록 한다.
동화 속 인물 되어 보기	심미적 교감 (행동으 로 표현 하기)	〈인터뷰하기〉 - (짝을 지어 기자와 등장인물 중 한 명의 역할을 정한다) 여우에게 질문하겠습니다. 원숭이가 고깃덩어리를 모두 먹어 버렸는데 지금 심정이 어떻습니까? 당신은 고깃덩어리를 먹지 못했는데 그 이유는 무엇이라고 생각합니까? (역할을 바꿔서도 해 본다) 원숭이에게 질문하겠습니다. 당신은 고깃덩어리를 공평하게 나눠주지 않고 다 먹어 버렸는데 왜 그렇게 했습니까? 여우와 늑대를 다시 만나면 어떻게 행동하겠습니까?	· 다른 사람 눈치를 보지 않도록 반 전체가 동시에 활동하게 한다.
교류 하기	심미적 체험 확대하기	〈재현하기〉 · 앞 단계에서 활동한 내용을 동료 앞에서 발표하게 한다. 스스로 원하는 학습자들이 먼저 재현한다. 원하지 않지만 특이한 활동이 있으면 발표하도록 권한다. 원하지 않으면 발표하지 않도록 한다. · 재현한 내용을 보고, 할 말이 있는 학생에게 발표할 기회를 준다. · 이 이야기와 비슷한 경험이 있으면 발표해 보자.	· 발표를 원하지 않는 학생에게 강제로 발표시켜서는 안 된다.

(표 V-3-ㅣ) 교육연극 방법을 적용한 저학년 동화 교수 학습 모형

이상에서 제시한 저학년 동화교육 교수-학습 안에서 비언어적 활동의 단계에서는 허용적 분위기 속에서 동화의 내용을 마임으로 표현해 봄으로써 동화의 내용을 감각적으로 경험할 수 있는 학습 활동을 제시하고 있다. 동화 학습자는 인물의 말과 행동을 실제로 표현해 보면 동화를 구체적으로 인식하게 되며 이를 통해 동화에 대한 흥미가 높아질 수 있다.

심미적 교감 활동의 단계에서 동화 학습자들은 인터뷰하기를 통하여 동화에 대한 심미적 체험을 구체화하고 확대한다. 이를 통하여 동화의 내용을 능동적으로 인식하고 창의적으로 재구성할 수 있게 된다.

마지막으로 교류하기에서는 이러한 일련의 활동들을 서로 교류하게 함으로써 허용적 분위기를 형성하여 심미적 교감을 확대하게 해 준다.

나. 중학년

중학년의 주된 학습 목표와 내용은 이야기에 나오는 인물이 되어 어울리는 어조나 말투로 말하기, 동화를 창의적으로 재구성하기 등에 주안점이 두어져 있다. 또 하나의 주안점은 사건의 원인과 결과 말하기, 인물, 사건 배경 등을 통하여 동화의 주제를 파악하기와 같은 문학적 지식에 관한 내용이다. 이런 문학적 지식에 관한 내용은 동화 학습자로 하여금 동화를 총체적으로 풍부하게 누리게 하지 못하고, 분석 그 자체에 매달리기 쉽다. 동화를 총체적이고 생태적인 관점에서 바라볼 때 이러한 문제는 깊이 숙고할 필요가 있다.

먼저 '의좋은 형제'라는 동화를 살펴보자. 이 동화는 초등학교 3학년 2학기 읽기 책에 수록되어 있다. 교과서에 제시된 이 단원의 목표와 학습 내용은 다음과 같다.

> **이야기를 읽고, 인물이 한 일의 원인과 결과를 알아봅시다.**

1. 일의 원인과 결과를 생각하며 '의좋은 형제'를 읽어봅시다.
2. '의좋은 형제'를 읽고, 물음에 답하여 봅시다.
3. '의좋은 형제'를 읽고, 빈칸에 알맞은 말을 넣어 봅시다.
4. 위의 내용을 바탕으로 하여, '의좋은 형제'에 나타난 원인과 결과를 말하여 봅시다.

　동화를 통하여 원인과 결과를 서로 관련짓는 공부를 하는 것은 필요한 일임이 틀림없다. 문학을 통한 논리적 사고력의 배양이라는 측면에서 볼 때 이와 같은 언어 분석적인 방법으로 동화를 공부하는 것도 동화를 공부할 수 있는 한 가지 방법일 수 있다. 그러나 이러한 방법으로는 문학 텍스트인 동화를 통한 문학적 상상력과 창의적 언어사용 능력 향상과 관련된 학습은 수행되기 어렵다.

　동화와 학습자 사이의 거리를 학습자 자신의 구체적인 체험을 통해 좁힐수 있어야 한다. 학습자들의 구체적인 표현 활동인 행위를 통한 교육연극 방법을 적용한 중학년 동화 교수학습 안을 제시해 보면 다음과 같다.

이야기를 읽고, 교육연극 활동을 통해 글의 의미를 알 수 있다

수업 단계	단계별 주요활동 주제	활동 내용 교수 - 학습 활동	유의점
동화 속 인물 되어 보기	축어적 이해 심미적 교감	〈동화를 읽고 동화 내용 파악하기〉 〈설명을 통한 마임 활동〉 - (3-4명씩 짝을 지어 마임 으로 표현해 보자) 의좋은 형제는 각자 자기 집에서 어떻게 살고 있을까? 에 관해 의논해 보아라. 무슨 일이 어느 날에 어떻게 진행되는지 구체적으로 설정 해야 한다. 그 때 등장하는 인물들을 맡아서 어떻게 행동할 것인지를 의논하고 마임으로 표현해 보자.	활동을 하면서 어떤 느낌이 드 는지 잘 관찰하 도록 한다.
심미 적 체험 확대 하기	다양한 관점에서 생각하기 창의적인 표현하기	〈면담하기〉 - 동화에 제시되어 있지 않은 상황을 설 정하여 그 상황에 나오는 등장인물과 면담을 해 보 자. 어떤 상황을 설정할 수 있겠는가? 그리고 그에 대한 등장인물의 응답은 무엇일까? 두 명씩 짝을 지어 활 동해 보자.	다양한 상황이 설정될 수 있도 록 교사가 적절 한 예를 들어줄 수는 있지만 간 단한 예만 제시 한다.
교류 하기	인터뷰 관찰한 다음 토론하기	〈면담 보기〉 '면담하기' 활동에서 수행한 면담을 재현한다. 〈토론하기〉 면담을 보고 주제를 정하여 토론해 보자.	짝끼리, 4명씩, 패널 토론, 반 전체를 둘로 나누어서도 토론 할 수 있다.

(표 V-3-다) 교육연극 방법을 적용한 중학년 동화 교수-학습 모형

다. 고학년

고학년의 주된 학습 목표와 내용은 동화에서 재미있게 표현된 부분이나 느낌을 잘 살려 표현한 부분 찾기, 자기 생각이나 의견을 반영하여 작품 일부분을 창조적으로 바꾸어 쓰기 등에 주안점이 두어져 있다. 또 하나의 주안점은 문학의 갈래 개념을 알고 어떤 것이 있는지 말하기, 동화 주제 파악하기, 동화에서 사건의 전개와 배경과의 관계 말하기 등의 문학적 지식에 관한 내

용이다. 이러한 문학적 지식에 관한 내용은 동화 학습자로 하여금 동화를 총체적으로 풍부하게 누리지 못하게 하고, 그 자체를 분석하는 일에 매달리게 하기 쉽다. 그러므로 이 부분도 중학년과 마찬가지로 동화교육 방법이란 측면에서 깊이 숙고해 볼 필요가 있다.

먼저 '배추 장수 아저씨'라는 동화를 살펴보자. 이 동화는 초등학교 5학년 2학기 읽기 책에 수록되어 있다. 교과서에 제시된 이 단원의 목표와 학습 내용은 다음과 같다.

주제를 알아보며 이야기를 읽어보자.

---

1. 주제를 생각하며 '배추 장수 아저씨'를 읽어봅시다.
2. '배추 장수 아저씨'를 읽고, 물음에 답하여 봅시다.
3. 답한 내용을 바탕으로 하여, '배추 장수 아저씨'의 주제를 말하여 보자.
4. '배추 장수 아저씨'와 비슷한 이야기를 읽은 경험이 있으면 말하여 보자.

동화를 읽고, 작가가 동화에 표현한 주제를 찾는다는 것은 필요한 일이다. 문학의 주요한 임무 중의 하나가 독자를 교육하는 일이기 때문이고, 학습자의 읽기 능력을 향상하기 위해서는 주어진 글의 핵심을 파악하는 일이 꼭 필요하다. 그러나 문학 작품을 통해 할 수 있는 많은 일 중에서 가장 중요한 부분은 문학 작품을 읽고 나서 학습자가 느끼는 감동이다. 감동이 없는 동화는 어린이들에게 읽히지 않을 것이고, 그 존재 의의를 상실하게 되는 것이다. 학습자들이 동화를 읽는 가장 큰 이유는 동화를 읽음으로써 재미와 감동을 할 수 있기 때문이다. 동화 교수학습 과정이란 동화를 읽고 이런저런 방법으로 동화의 내용을 음미하는 활동이다. 이 과정에서 학습자들이 능동적이고 창의적으로 생각하고 반응할 수 있도록 하는 활동이 요구된다. 동화를 읽은 다음에 느꼈던 것이나 생각한 것을 표현 활동으로 구체화할 수 있도록 하는 비계 구실을 하는 것이 바로 교육연극 방법이다. 이를 고학년에 적용한 교수 학습 안을 제시해 보면 다음과 같다.

이야기를 읽고, 교육연극 활동을 통해 글의 의미를 알 수 있다

수 업 단 계	단계별 주요활동 주 제	활 동 내 용 교수 - 학습 활동	유의점
동화 속 인물 되어 보기	축어적 이해 심미적 교감	〈동화를 읽고 동화 내용 파악하기〉 〈짝 마임 활동〉 · 2명씩 짝을 짓는다. 한 명은 한 쪽 눈이 먼 강아지 역할을 하고 다른 사람은 강아지 주인 역할을 한다. 강아지 주인은 강아지를 구박하고, 목욕도 시켜 주지 않고, 발로 걷어찬다. (역할을 바꾸어서도 해 본다) · 다른 사람과 짝을 짓는다. 강아지와 배추 장수 아저씨 역할을 해 본다. 배추 장수 아저씨는 눈이 먼 강아지를 목욕시키고 여러 가지로 아껴 주는데 결국 강아지를 구하려다 사고를 당한다. (역할을 바꾸어서도 해 본다)	말을 하지 않는 대신 이용할 수 있는 모든 물건을 이용한다. 활동을 하면서 어떤 느낌이 드는지 잘 관찰하도록 한다.
새로 운 상황 설정 하기	다양한 시각으로 동화 보기	〈면담하기〉 · (두 명씩 짝을 지어 활동한다) 배추 장수 아저씨가 강아지를 구하려다 사고를 당했습니다. 한 명은 이 상황을 목격한 목격자이다. 다른 한 명은 방송국 기자가 되어 목격자에게 이 사고와 관련된 질문을 한다. 무슨 질문을 할 수 있겠는가? 그리고 대답은 어떻게 하는 게 좋을까? (역할을 바꿔서도 해 본다)	말을 사용하여 텍스트에 제시된 사항을 정확하게 표현해 보게 한다
심미 적 체험 확대 하기 교류 하기	즉흥극 으로 표현하기 수행평가 하기	〈토론하기〉 · 여러분은 생명을 소중히 하는 사람에게 상을 주는 단체의 심사위원입니다. 배추 장수 아저씨를 추천하는 글을 읽고 토론을 합니다. 한 쪽은 배추 장수 아저씨에게 상을 주자는 사람들이고, 다른 한 쪽은 주지 말자는 사람들입니다. 여러 가지 근거를 들어서 토론을 해 봅시다. (짝끼리, 4명씩, 패널 토론, 반 전체를 둘로 나누어서도 토론할 수 있다)	소품이나 의상, 분장과 같은 것에 신경을 많이 쓰지 않도록 한다.

(표 V-3-라) 교육연극 방법을 적용한 고학년 동화 교수-학습 모형

4. 수행평가 도구 개발

가. 수행평가 도입 배경

수행평가는 지금까지 우리나라 평가 방식에 존재하지 않았던 새로운 평가라든지, 교육 평가와 관련해서 생겨난 문제들을 모두 해결할 수 있는 평가 방식이라고 할 수는 없다. 그럼에도 최근 몇 년 사이에 수행평가가 크게 강조되고 있는 것은 지금까지의 진행된 평가의 모습에서 그 원인을 찾을 수 있다. 인간 정신의 일부분에 지나지 않는 지식만을 묻는 시험, 시대의 변화에도 아랑곳하지 않고 구성적 사고력보다는 암기 능력에 지나치게 의존하는 지필시험, 학습자들의 다양한 앎의 과정을 밝히기에는 너무나 단순한 선다형 시험, 비현실적인 가정에 입각한 측정 이론을 이용하는 문항 및 검사의 양호도 분석 등이 그것이다.

산업 사회에서는 평가를 통해 학습자가 지식을 얼마나 가졌는지를 측정하여 상대적인 우열을 가려내었다. 따라서 학습자가 알고 있는 지식의 질보다는 지식의 양을 측정하는 데 관심을 가졌고, 평가의 공정성이 가장 큰 문제였다. 본고사나 학력고사를 국가가 관리하고 이 평가 결과에 따라 대학 입학이 결정될 수밖에 없었던 것은 바로 이런 이유 때문이었다. 그러나 지금은 지식의 양과 질이 폭발적으로 증가하여 지식을 얼마나 가졌는지 보다는 어떤 지식을 알고 있고, 그 지식을 활용할 수 있는 능력이 있느냐 하는 것이 중요한 시대이다.

산업 사회를 지배했던 객관주의 인식론의 관점에서 볼 때, 동화교육 평가는 교과서에 제시된 동화를 학습자가 얼마나 이해하고 기억하느냐를 알아보는 것이었다. 그러나 이젠 산업 사회에서 정보화 시대로 바뀌고 있다. 동화교육 평가의 개념도 이런 시대의 흐름과 평가에 대한 연구 성과를 받아들여 재정립되어야 할 시점에 도달한 것이다.

여기에서는 구성주의 인식론을 바탕으로 해서 동화교육 수행평가에 관한 한 가지 대안을 제시하려고 한다. 수행평가는 학습자가 동화를 얼마나 알고 있는지 하는 것보다는 학습자가 동화를 어떻게 구성하고 활용하느냐를 알아보는 데 더 큰 관심을 두고 있다. 그리고 평가 결과를 교수-학습에 다시 투입함으로써 교수-학습과 평가가 서로 영향을 주어서 함께 향상되도록 해야 할 것이다.

나. 수행평가 요소와 중심 학년

여기에서는 동화를 교육연극으로 학습할 때 사용될 수 있는 수행평가 요소에 관해 살펴보자. 평가할 때에는 교사가 계획했던 교수 목표를 학습자들이 얼마만큼 성취했는지, 성취하는 과정은 어떠했는지를 살펴보아야 한다. 그러므로 수행평가 요소에는 교수 목표와 학습 과정이 포함되어야 한다. 그래서 수행평가 요소에는 교수 목표인 '동화의 의미 파악', '동화 속 인물 체험', '새로운 상황 설정', '심미적 체험 확대', '심미적 체험 공유' 이렇게 5가지에 학습 과정인 학습자의 '태도'를 첨가하여 6가지 요소를 선정하였다.

이 평가 요소들을 적용할 때에는 여러 가지 상황을 고려하여야 한다. 학습자의 수준과 상태가 서로 달라서, 지도 교사는 이를 고려하여 적용해야 한다. 학습자들이 저학년이거나, 교육연극에 대한 경험이 없을 경우엔 태도와 동화의 의미 파악에 평가의 중심을 두어야 한다. 학습자들이 중학년이거나, 교육연극에 관해 어느 정도 이해하고 있는 경우엔 동화 속 인물이 되어 보는 활동이나 새로운 상황을 생각하는 데 평가의 중심을 두어야 한다. 학습자들이 고학년이고, 교육연극을 잘 이해하고 있을 경우엔 심미적 체험을 확대, 공유하는 데 평가의 중심을 두어야 한다. 이를 표로 제시하면 아래와 같다.

평가 요소	중심 학년
심미적 체험 공유	고학년
심미적 체험 확대	
새로운 상황 설정	중학년
동화 속 인물 체험	
동화의 의미 파악	저학년
태도	

(표 V-4-가) 교육연극을 적용한 동화교육의 평가 요소와 중심 학년

다. 반응 구성 자유도에 따른 수행평가 유형

교사 요인은 수행평가를 시행할 때 작용하는 중요한 요인 가운데 하나이다. 수행평가를 할 것인지 말 것인지, 수행평가를 한다면 어떻게 할 것인지를 결정하는 아주 중요한 위치에 있는 사람은 바로 교사이다. 수행평가를 연구하는 연구자 중에는 학교 현장의 교사들을 매우 수동적인 존재로 파악한 나머지 행정력을 동원하여 수행평가를 강제하는 경향이 있다. 하지만 그렇게 한다고 해서 수행평가가 연구자의 생각처럼 시행되는 것은 아니다. 오히려 교사들이 왜 수행평가를 시행할 수 없는지, 왜 시행하지 않는지를 연구하여 시행할 수 있도록 도와주어야 한다. 여기에 제시하려고 하는 반응 구성 자유도에 따른 수행평가의 유형들은 이러한 생각을 바탕으로 모색된 것이다. 수행평가의 유형을 여러 가지로 제시함으로써 교사가 수행평가를 실시하려고 할 때 형편에 맞게 적용할 수 있도록 하려는 것이다. 수행평가라는 것이 준비하기 힘들고 처리하기도 어려운 평가 유형이 아니라, 반응 구성의 자유도[38]

---

38) 김명숙(2000: 6)은 반응 구성 자유도에 대하여 다음과 같이 설명하고 있다. 산출물을 만들어 내는 것(반응)은 학생이 매우 간단하게 답변함으로써 스스로 응답할 수 있는 여지가 별로 없는 것 즉 '구성의 자유도가 낮은 것'과 비교적 학생이 다양하게 자기 스

에 따라 다양한 형태가 있는 것이다. (표 V-3-다)를 보면 이를 확인할 수 있다. 수행평가 유형 중에는 '완성형 문항', '단답형 문항'이 있다. 이를 보고 어떤 사람은 "이게 어떻게 수행평가냐?" 라고 반문할 수도 있다. '완성형 문항', '단답형 문항'이 수행평가의 한 유형인 근거는 미국의회기술평가국(Office of Technology Assessment)에서 제시한 평가의 개념이다.

미국의회기술평가국은 수행평가의 직접적인 측면을 확대하여 수행평가를 '학생이 직접 만들어낸 산출물이나 직접 작성한 응답을 통해서 그들의 짓기나 기능을 평가하는 여러 가지 다양한 방식'이라고 정의했다."[39]

반응 구성 자유도	낮음 〈--			--〉 높음	
구성	주어진 산출물			주어진 수행	자기 수행
평가방식	지필	지필	작품	활동	활동
평가	· 완성형 문항 · 단답형문항 · 간단한 시각적 자료 만들기 (표, 개념도)	· 동화에 대한 글쓰기 · 연구 보고서 · 과제 일지	· 동화책 만들기 · 동화책 전시회	· 역할극 · 시뮬레이션 게임 · 방송극 녹음 · 연극 구성	· 교육연극 (해설, 설명이 있는 마임, 인터뷰하기, 대화하기, 토론하기, 즉흥극하기)

(표 V-4-나) 반응 구성 자유도에 따른 수행평가 유형[40]

스로 반응을 구성할 수 있는 여지가 많은 것 즉 '구성의 자유도가 높은 것'의 두 유형으로 구분될 수 있다.

39) 김명숙, 〈수행평가의 질관리 방안 탐색〉, 『수업과 수행평가의 개선을 위한 질적 연구 방법의 활용』, 한국교육과정평가원, 2000, p.4 재인용
40) 김명숙(2000: 5)이 제시한 (표1) 직접적인 반응 구성의 종류를 참고하여 작성함.

라. 수행평가 양식 예시

학년   반   번 이름 (   )

평가 요소＼내용	
1. 동화를 읽고 기억에 남는 장면은? (동화 의미 파악)	
2. 동화 속 인물을 표현할 때 기분이 어떠나요? (동화 속 인물 체험)	
3. 재미있게 표현하거나, 열심히 활동한 친구의 이름을 써 봅시다. (태도)	

* 평가 : 5단계 (5점: 매우 잘함, 4점: 잘함, 3점: 보통, 2점: 미흡, 1점: 매우 미흡)
* 평가 단원 : ○학년, ○단원, 00000000000

(표 V-4-다) 6-1 동화 단원 저학년 수행평가표

학년　반　번　이름 (　　　　　　)

내용 평가 요소	
1. 동화를 읽고 기억에 　남는 장면은? 　(동화의 의미 파악)	
2. 자기가 표현한 상황은 　어떤 상황이었는가? 　(새로운 상황설정)	
3. 새로운 상황을 표현 　한 친구는 누구이 　고, 그 내용은 무엇 　인가? (태도)	

* 평가 : 5단계 (5점: 매우 잘함, 4점: 잘함, 3점: 보통, 2점: 미흡, 1점: 매우 미흡)
* 평가 단원 :　○학년, ○단원, 00000000000

(표 V-4-라)　6-1 동화 단원 중학년 수행평가표

평가 요소 　　　 내용	
1. 친구가 표현한 인물의 마음과 성격은 무엇인가? (표현한 의미 파악)	
2. 친구는 새로운 생각으로 인물의 마음과 성격을 상상했는가? (새로운 상황설정)	
3. 친구가 표현한 내용은 의미가 있는 내용이라고 생각되는가? (심미적 체험 공유)	
4. 친구의 발표를 보고 느낀 점은? (심미적 체험 공유)	

* 평가 : 5단계 (5점: 매우 잘함, 4점: 잘함, 3점: 보통, 2점: 미흡, 1점: 매우 미흡)
* 평가 단원 : ○학년,   ○단원, ○○○○○○○○○○

(표 V-4-마) 6-1 동화 단원 고학년 수행평가표

VI. 동화 교수-학습 적용 결과 및 논의

1. 교수-학습 적용 결과 논의의 필요성

가. 논의의 필요성

교육과정에 대한 이론적 논의와 함께 현장 적용상의 효율성과 문제점도 함께 논의되어야 한다는 것은 너무나 당연한 일이다. 적용상의 효율성이나 문제점을 논의하기 위해서는 이를 적용하는 현장에서의 교수학습 맥락을 관찰하여 그곳에서 무슨 일이 어떻게 전개되고 있는지를 파악하는 것이 필요하다. 그와 같은 작업을 통해 귀납적인 방법으로 드러나는 현상들에 대하여 논의하는 것은 바람직한 방법이라 할 수 있다.

이에 본 장에서는 동화 교수학습에 교육연극을 적용했을 때 나타나는 적용 결과를 관찰 기술하여 학교 현장에서 드러나는 문제점을 살펴보려고 한다. 이를 근거로 교육연극을 적용하는 동화 교수학습 방법에 대한 시사점을 얻을 수 있을 것이다.

나. 적용 결과 논의 방법

본 장에서 취하고자 하는 적용 결과를 살펴보는 방법은 문화기술법이다. 이 연구 방법은 서론에서 밝힌 바와 같이 주로 참여 관찰과 심층 면담으로 사회적 현상의 '맥락'을 파악하여 그 맥락 속에서 현상의 의미를 이해하는 것을 목표로 하는 문화 인류학의 연구 방법을 말한다. 질적 연구, 민속지학, 미시적 기술 연구 방법, 참여 관찰 방법, 사례 연구, 현장 연구와 같이 다양한 용어로 사용되고 있다.

교육연극의 효과를 검증하기 위하여 김명실(1998)은 이야기 활동이 학습자의 창의성 계발에 어떤 효과를 미치는지에 대하여 양적 연구를 하였다. 이 연구를 통해서 교육연극 방법이 교과서에 제시된 학습 방법이나 동화구연보다 창의성 계발에 효과가 있음을 확인하였다. 그런데 이와 같은 연구 방법으로는 교실 현장에서 일어나는 교수·학습 상황을 구체적으로 이해하는 데 한계가 있다. 그것은 연구자 개인에게 문제가 있어서 그런 것이 아니라 양적 연구 자체가 가진 연구 방법상의 한계 때문이다.

> 양적 연구는 현상의 사소하거나 예외적인 특성을 배제하고 일반적인 경향성을 확률의 논리 속에서 구명하는 태도를 보이는 반면 질적 연구는 단순화와 한계 설정을 최소화하고 현상의 복잡성을 최대한 '있는 그대로' 파악하려는 태도를 보이기 때문이다.[41]

그래서 본 장에서는 교육연극이 학교 현장에서 적용되는 구체적인 양상을 질적인 방법으로 정리함으로써 이 책에서 제시한 교육연극을 적용한 동화 교수·학습 모형에 관해 맥락적으로 살펴보고자 하는 것이다.

> 모든 사물이 질과 양의 속성을 다 가지고 있듯이, 모든 연구는 질적 과정과 양적 과정을 다 포함하고 있다. 그리고 모든 양적 연구는 질적 연구의 요소를 어느 정도 공유하고 있으며, 질적 연구의 도움을 필요로 한다. 그 점은 질적 연구도 마찬가지다. 양적 사고나 분석이 전적으로 배제된 질적 연구는 있을 수 없다. 다만 한 연구의 배경을 이루는 중심적인 인식론이 질적이냐 양적이냐에 따라서 질적 연구와 양적 연구의 구분이 생기고 그 구분이 의미 있게 된다.[42]

---

41) 조용환, 질적연구와 양적연구, 1998, p.9.
42) 조용환, 질적연구와 양적연구, 1998, p.5.

윗글에 제시된 내용과 같은 맥락으로 이 책에서 사용하고자 하는 검증 방법은 김명실이 사용한 방법과 함께 교육연극의 적용 효과를 다각화하는데 이바지하리라 여겨진다.

다. 적용 대상 및 적용 기간

1) 적용 대상

본 연구는 서울시에 위치한 B초등학교 6학년 한 학급(F반 30명(남:15명, 여:15명)을 적용 대상으로 하였다. 학기 초 학습자들이 좋아하는 과목을 조사했을 때 30명 중에서 16명이 체육이라고 응답했다. 그에 비해 국어를 좋아하는 학생은 3명이었다. 교과와 관련을 두지 않고, 학습자들에게 동화 읽기를 좋아하는지, 동화 읽기를 좋아한다면 그 이유는 무엇인지에 관해 물어보았다. 30명중에서 18명의 학생이 동화 읽기를 좋아한다고 했고, 좋아하는 이유는 동화가 재미있고 유익하기 때문이라고 했다. 그렇지만 최근 석 달 동안에 읽은 책을 조사한 결과 학습자들이 읽었던 책은 대부분 만화책이었고, 위인전, 소년소설을 몇 권 읽은 정도였다. 조사를 통해 볼 때 B학교 F반의 학습자들은 동화나 소년소설이 유익하고 재미있다는 것을 알고 있으나, 동화나 소년소설을 읽기보다는 만화나 컴퓨터 게임을 하며 여가를 보내는 것으로 나타났다.

2) 적용 기간

적용 기간은 '2000년 2월 24일부터 2000년 4월 말까지 약 2개월간이었다. 이처럼 적용 기간을 선정한 것은 초등학교에서 담당 학년이 발표되는 시기와 대학원 논문 심사 일시를 고려해야 했기 때문이다. 그리고 직접적인 교수학습 관찰은 4월에 이루어졌는데 이것은 학습자들의 학습 활동이 3월에 시작되고, 3월 한 달 동안에는 담임교사와 기본 학습 훈련을 해야 했기 때문이다.

교수학습을 관찰한 단원을 살펴보면 다음과 같다.

단원	이야기 양식	교수-학습 관찰
8. 이야기 속으로	소설	×
12. 주제를 생각하며	설화	×
16. 상상의 날개를 펴고	동화	○

(표 VI-1) 6학년 1학기 동화 관련 단원 및 관찰한 단원

2. 교수-학습 적용 결과

가. 교수-학습 적용 결과 관찰 방법

교수-학습 적용 결과를 관찰하기 위해서 연구자는 녹화와 녹음 관찰, 학생들과의 대화, 본인이 작성한 교수일지 등을 통해 학습자들 학습에 대한 전체적인 흐름과 분위기를 파악하고, 그에 대한 현장 기록을 통해 맥락적이고 구체적인 관찰이 되게 하려고 노력하였다. 관찰에 사용한 방법으로는 연구자가 고안한 수업 관찰 기록지, 동영상 촬영, 학생 면담지, 학습자가 작성한 학습일지, 교사가 작성한 교수일지를 활용하였다.

나. 6학년 동화 교수-학습 적용 결과

1) 교수-학습 환경

B초등학교 F반 학생 수는 30명으로 남녀 각각 15명씩이다. 교실 안을 살펴보면 먼저 복도 쪽 벽에 '역사 연대표'와 '위인들에 대한 조사 보고서'가 가지런히 정리되어 있다 교실 뒤쪽엔 나무로 된 사물함 40개가 놓여 있고, 그

사이에 책꽂이가 있는데 여기에는 위인전 50여 권, 동화 100여 권이 꽂혀 있다. 그리고 KBS '역사 스페셜'을 녹화한 비디오 자료도 놓여 있다. 사물함 위에는 교육연극 활동과 관련된 내용이 포트폴리오 형식으로 기록되어 있는 학습자들이 작성한 '교육연극' 학습일지가 있다. 운동장 쪽 벽에는 '기본이 바로 선 어린이'라는 스티커 코너가 있다. 생활 지도를 위해 모든 학급에 붙어 있는 것이지만, 파란색 스티커(상)는 120개이고, 빨간색 스티커(벌)는 5개가 붙어 있다. 이를 통해서도 알 수 있듯이 교실 분위기는 매우 허용적이다. 학습 자들은 학교생활을 즐겁게 생각하고 있으며, 다른 반에 비해 자신감이 있다.

교육연극 교수-학습 과정에서는 시청각 기자재가 거의 사용되지 않기 때문에 시청각 기자재가 큰 의미가 있진 않지만 살펴보면 다음과 같다. 대형 프로젝션 텔레비전이나 씨디 재생기를 겸한 녹음기, 실물 화상기 등은 없고, 80년대 만들어진 조그만 텔레비전과 비디오, 녹음기, O. H. P가 설치된 상태이다.

수업 시간 중 교내 방송, 회람, 전화 등이 수업을 방해하지만, 상황이 발생하면 잠시 쉬었다가 수업을 계속 진행하는 형편이다.

2) 교수-학습 안

단원 : 16. 상상의 날개를 펴고 (6-1) 말·듣 (1/6) 차시

상상한 것에 대하여 자세하게 말해 보자.

수 업 단 계	단계별 주 요 활 동 주 제	활 동 내 용		유의점
		교사 활동	학습자 활동	
의미 파악 하기	축어적 이 해, 레 포 형 성	· 동화 읽도록 하기 · 새가 되어 하늘을 날아 보자 (설명을 통한 마임)	· 동화 읽고 내용 파악하기 · 학습자들은 자신이 되고 싶은 종 류의 새가 되어 하늘을 나는 것처럼 교실에서 움직여 보자.	활동을 하면서 어떤 느낌이 드 는지 잘 관찰하 도록 한다.
상상 의 인물 되어 보기	심미적 체 험 표 현	· 자신이 상상한 천사, 선녀, 선인의 모습을 몸짓으로 나타내어 보자.	· 다른 사람이 알 수 있도록 몸짓으 로 표현하기	모둠을 3, 4명으 로 구성하여 상호 작용이 활발하게 일어나도록 한다.
새로 운 상황 설정 하기	다 양 하 게 상 상 하 기	· 새로운 천사를 상상 해 보자. · 교과서 127에 있는 보기를 참고하여 자 세히 상상해 보자.	· 생김새, 입은 옷, 말소리와 움직임, 분위기, 능력, 성격 등을 상상하여 보자.	교사는 몇 가지 예를 통해 안내만 하고 학생 스스로 상황을 설정해 보 도록 한다.
심미 적 체험 확대 하기	상상력 창의력 동 원 하 여 표 현 하 기	· 인터뷰하기, 대화하 기, 기법을 활용하여 활동하도록 하기 · 학생 표현 관찰하기 · 표현한 내용 칭찬하 고 격려하기	· 인터뷰하기(짝 활동)- 한 사람은 천사, 한 사람은 기자가 되어 인터 뷰 · 대화하기(모둠활동)-4명 정도 학생 들이 모여 '천사의 고민', '천사들 이 기쁠 때','천사의 하루'와 같은 주제로 대화하기	교사의 역할은 최소화하고 학습 자 스스로 능동적 으로 활동하도록 시간을 충분히 준 다.
문학 적 체험 공유 하기	활 동 요 약 보 고 수행평 가하기	· 친구가 상상한 천사 의 모습을 듣고, 반 친구에게 알리기 · 친구들의 발표를 듣고 상호평가하기	· 기자가 되어 독자에게, 언니가 되 어 동생에게, 엄마가 아이에게, 선 생님이 학생에게 말하는 방식으로 친구가 상상한 것을 잘 듣고 자세 히 말해 보자.	한 사람이 말할 때 다른 사람들은 수행 평가지에 기록하면 서 듣는다.

(표 Ⅵ-2-가) 6-1 동화 단원 말·듣 교수·학습 안

내용 ˙ 평가 요소	
1. 친구가 표현한 인물의 마음과 성격은 무엇인가? (표현한 의미 파악)	
2. 친구는 새로운 생각으로 인물의 마음과 성격을 상상했는가? (새로운 상황 설정)	
3. 친구가 표현한 내용은 의미가 있는 내용이라고 생각되는가? (심미적 체험 공유)	
4. 친구의 발표를 보고 느낀 점은? (심미적 체험 공유)	

* 평가 : 5단계 (5점: 매우 잘함, 4점: 잘함, 3점: 보통, 2점: 미흡, 1점: 매우 미흡)

* 평가 단원 : 6학년 1학기, 16단원, 상상의 날개를 펴고

(표 Ⅵ-2-나) 6-1 동화 단원 말·듣 수행평가표

단원 : 16. 상상의 날개를 펴고 (6-1) 읽기 (2/6) 차시
제목 : 까치와 느티나무 (본문 내용은 부록에 제시함)

목표 : 이야기를 읽고, 인물의 마음과 성격을 알아보자.

수업 단계	단계별 주요 활동 주제	활동 내용		유의점
		교사 활동	학습자 활동	
동화 의미 파악 하기	축어적 이해, 레포 형성	· 묵독으로 동화의 내용을 읽도록 한다.	· 읽은 내용에 대하여 간단하게 대답하기 · 교사, 동료들과 레포를 형성하기 위해 동시에 표현하도록 한다.	활동을 하면서 어떤 느낌이 드는지 잘 관찰하도록 한다.
동화 속 인물 되어 보기	심미적 교감	· 마임으로 '나무', '까치'를 표현하게 한다. · 축어적 이해 확인하기	· 비언어적 표현하기 (표현할 때 말을 사용하지 않도록 하고 새소리와 같은 것은 허용하도록 한다) · 마임이 끝난 후 느낌을 짝과 이야기한다. · 4명씩 짝을 지어 서로 표현한 내용을 살펴보고 나오는 인물의 마음과 성격에 관해 이야기 하고, 교과서 165쪽에 간단히 적기	등장인물이 맞지 않으면 융통성 있게 인물을 설정하여 모두 참여하도록 한다.
새로운 상황 설정 하기	다양한 관점으로 동화 보기	· 동화에 나오지 않는 장면이나, 인물의 성격을 바꾸어서 재구성해 보자.	· 미정성의 공간 구성하기 · 재구성할 장면 선택하기 · 상황을 만들었으면 역할을 맡고, 역할에 필요한 소품을 즉석에서 구해서 사용하기	교사는 몇 가지 예를 통해 안내만 하고 학생 스스로 상황을 만들도록 한다.
심미적 체험 확대 하기	상상력, 창의력 동원 하기	· 표현하도록 시간을 충분히 주기 · 표현한 내용 칭찬하고 격려하기	· 새로운 상황 표현하기 (표현할 때 사용하는 전략 - 인터뷰하기, 대화하기, 토론하기, 즉흥극하기) · 표현한 내용에 관해 같은 모둠끼리 의견을 나누고 수정하기	역할을 바꾸어서도 해 본다.
문학적 체험 공유 하기	보여 주기 수행평가하기	· 모둠 발표를 지켜보며 인물의 마음과 성격을 파악해 보자.	· 자기 모둠의 활동을 정리하여 발표하고 다른 모둠의 활동을 지켜보며 자기 생각 갖기 · 다른 모둠의 활동을 보고 떠오른 생각이 있으면 그 역할을 직접 하거나, 어떻게 하면 좋겠다고 말하여 다시 하도록 하기.	여러 모둠이 동시에 보여주기를 하면 보여주는 학습자들의 부담이 줄어든다.

(표 Ⅵ-2-다) 6-1 동화 단원 읽기 1차시 교수-학습 안

학년   반   번 이름 (   )

내 용 평가 요소	

1. 친구가 표현한
   인물의 마음과
   성격은 무엇인가?
   (상상의 인물 체험)	

2. 친구는 새로운
   생각으로 인물의
   마음과 성격을
   상상했는가?
   (새로운 상황 설정)	

3. 친구가 표현한
   내용은 의미가
   있는 내용이라고
   생각하는가?
   (심미적 체험 확대)	

4. 자기가 표현한
   인물의 마음과 성
   격은 무엇이고, 그
   내용은 상상력이
   얼마만큼 풍부하다
   고 생각하는가?
   (심미적 체험 심화)	

* 평가 : 5단계 (5점: 매우 잘함, 4점: 잘함, 3점: 보통, 2점: 미흡, 1점: 매우 미흡)

* 평가 단원 :   6학년 1학기,   16단원, 상상의 날개를 펴고

(표 Ⅵ-2-라)   6-1 동화 단원 읽기 1차시 수행평가표

단원 : 16. 상상의 날개를 펴고 (6-1) 읽기 (3-4/6) 차시

제목 : 왕거미와 산누에

목표 : 이야기를 읽고, 인물의 마음과 성격을 알아보자.

수업 단계	단계별 주요 활동 주제	활 동 내 용		유의점
		교사 활동	학습자 활동	
동화 의미 파악 하기	축어적 이해, 레포 형성	· '왕거미와 산누에' 를 묵독으로 읽게 한다.	· 동화 읽고, 동화 내용 파악하기 · 2명씩 짝을 지어 표현한 내용을 살펴보고 나오는 인물의 마음과 성격에 관해 살펴보고 표현할 준비하기	교사, 동료들과 레 포를 형성하기 위 해 동시에 표현하 도록 한다.
동화 속 인물 되어 보기	심미적 교감	· 인상에 남는 장면 을 선택하여 짝과 함께 표현해 보자.	· 비언어적 표현하기 (표현할 때 말을 사용하지않도록 하고 새 소 리와 같은 것은 허용하도록 한다) · 마임이 끝난 후 느낌을 짝과 서로 이야기한다.	말을 하지 않는 대 신 이용할 수 있는 모든 물건을 이용 하도록 한다.
새로 운 상황 설정 하기	다양한 관점으 로 동화 보기	· 동화에 나오지 않은 장면을 추측하여 표 현하거나, 인물의 성격을 바꾸어서 내 용을 다시 만들어 보자.	· 미정성의 공간 구성하기 · 재구성할 장면 선택하기 · 상황을 만들었으면 역할을 맡고, 역할에 필요한 소품도 즉석에서 만들기	교사는 몇 가지 예 를 통해 안내만 하 고 학생 스스로 상 황을 만들도록 한다.
심미 적 체험 확대 하기	상상력 창의력 동원하 기	· 표현 전략에 관해 간단히 언급하고, 표현 하도록 시간 을 충분히 주기 · 표현한 내용 칭찬 하고 격려하기	· 새로운 상황 표현하기 (표현할 때 사용하는 전략-인터뷰하기, 대화 하기, 토론하기, 즉흥극 하기) · 표현한 내용에 관해 같은 모둠끼 리 의견을 나누고 수정하기-역할 을 바꾸 어서도 해 보기	동화 교육의 표현 전략은 평소에 소 개하고 국어와 다 른 영역이나 다른 교과 시간에도 활 용하도록 한다.
문학 적 체험 공유 하기	활동 내용 보여 주기 수행 평가 하기	· 모둠 주에서 받은 발표를 하고 나머 지는 발표를 보며 수행평가지에 표시 하기	· 자기 모둠의 활동을 정리하여 발 표하고 다른 모둠의 활동을 지켜 보며 자기 생각 갖기 · 다른 모둠의 활동을 보고 떠오른 생각이 있으면 자기가 그 역할을 해 보거나 어떻게 하면 좋겠다고 말하기	수업이 끝나면 동 화 쓰는 과제 내주 기-오늘 활동한 내 용을 토대로 동생 에게 들려준 동화 1편 써 오기

(표 Ⅵ-2-미) 6-1 동화 단원 읽기 2-3차시 교수·학습 인

단원 : 16. 상상의 날개를 펴고 (6-1) 쓰기 (5/6) 차시

목표 : 상상한 것에 대하여 자세하게 글을 써 보자.

수업 단계	단계별 주요 활동 주제	활 동 내 용		유의점
		교사 활동	학습자 활동	
동화의 미 파악하기	레포 형성	· 지금부터 우리 교실은 동물원입니다. 여러분은 동물원에 있는 동물 한 가지를 상상해 보세요.	· 각자 한 가지씩 선택하고, 그 동물의 특징 파악하기	말을 하지 않는 대신 이용할 수 있는 모든 물건을 이용한다. 활동을 하면서 어떤 느낌이 드는지 잘 관찰하도록 한다.
동화 속 인물 되어 보기	심미적 교감	· 자기가 선택한 동물을 몸짓으로 표현해 보자. · 학습자 격려하고 칭찬하기	· 비언어적 표현하기 · 같은 종류들끼리 모이기 · 대화하기 : (하고 싶은 말, 지금 감정, 미래의 꿈, ---에 대하여 모여서 대화하기)	모둠을 3, 4명으로 구성하여 상호작용이 활발하게 일어나도록 한다. 말도 사용하여 텍스트에 제시된 사항을 정확하게 표현해 보게 한다
새로운 상황 설정하기	다양한 관점에서 동화 보기	· 친구의 몸짓과 말을 보고 자신이 상상한 것을 확대시켜 봅시다.	· 미정성의 공간 구성하기 · 재구성할 내용 결정하기	교사는 몇 가지 예를 통해 안내만 하고 학생 스스로 상황을 설정하도록 한다.
심미적 체험 확대하기	상상력, 창의력 동원하기	· 생각한 내용을 종합장에 써 보자. (간단한 동화 쓰기) (동물에게 보내는 학생의 편지) (동물이 쓰는 편지)	· 처음에 떠올랐던 생각을 발전시키거나, 선택을 다시 하여 그 내용을 글로 쓰자. · 쓴 글을 다시 읽어보고 고쳐 쓰자.	글을 쓰는 중간에 빨리 쓴 어린이의 글을 큰 소리로 읽어 주어 잘 쓰게 도와준다.
문학적 체험 공유하기	수행 평가 하기	· 친구들이 쓴 글을 읽고 서로 평가하게 한다.	· 친구의 글을 읽은 다음, 글 밑에 자기의 느낌을 간단히 쓰자. · 읽은 글에 대하여 각자 10점 만점으로 평가를 해서 느낌을 쓴 다음에 적어 보자.	학생들의 평가를 참고하여 상상의 글에 대한 학생의 마음을 알아보고 다음 시간에 활용한다.

(표 VI-2-바) 6-1 동화 단원 쓰기 1차시 교수·학습 안

단원 : 16. 상상의 날개를 펴고 (6-1) 쓰기   (6/6) 차시

목표 : 상상한 것에 대하여 자세하게 글을 써 보자.

수업 단계	단계별 주요 활동 주제	활 동 내 용		유의점
		교사 활동	학습자 활동	
동화 의미 파악 하기	레포 형성	· 밤입니다. 여러분 은 지금 자고 있 습니다. 눈을 뜨고 일어나 보니 아주 놀랄 만 한 일이 벌어졌습 니다.	· 무슨 일이 벌어졌는지 결정하고 간 단히 적는다.	자유롭고 허용적 인 분위기를 유지 하기 위해 교사의 재치와 유머가 필 요한 경우도 있다.
동화 속 인물 되어 보기	심미적 교감	· (짝활동) 자기가 선 택한 상황을 몸짓 으로 표현해 보자. · 학습자 격려하고 칭찬하기	· 비언어적으로 표현한다 · 대화하기 : (친구의 몸짓을 보고, 어떤 일이 벌어졌는지 알아맞힌다)	짝으로 하기 힘 들면, 모둠을 3, 4 명으로 구성하여 상호작용이 활발 하게 일어나도록 한다.
새로 운 상황 설정 하기	다양한 관점 으로 동화 보기	· 다시 눈을 감도록 한다. (밤입니다. 여 러분은 지금 자 고 있습니다. 눈을 뜨고일어나 보니 아주 놀라운 일이 벌어졌습니다)	· 미정성의 공간 구성하기 (전에 생 각했던 것을 발전시켜도 된다) · 재구성할 내용 결정하기 (다시 할 내용이 생각났으면 생각난 것을 더 자세하게 떠올려 본다)	교사는 몇 가지 예를 통해 안내만 하고 학생 스스로 상황을 설정해 보 도록 한다.
심미 적 체험 확대 하기	상상력 창의력 동원 하기	· 생각한 내용을 글 로 써 보자. 동생 에게 읽어줄 동화 라고 생각하고 쓰 도록 한다.	· 쓴 글을 다시 읽고, 고쳐 쓴다.	글을 쓰는 중간 에 빨리 쓴 학생 의 글을 큰 소리 로 읽어주어 잘 쓰게 도와준다.
문학 적 체험 공유 하기	수행 평가 하기	· 친구들이 쓴 글을 읽고 서로 평가하 게 한다.	· 친구의 글을 읽은 다음, 글 밑에 자 기의 느낌을 간단히 쓴다. · 읽은 글에 대하여 각자 10점 만점 으로 평가하고 느낌도 적는다.	다 쓴 글을 모아 서 교사는 이를 평가에 반영한다.

(표 VI-2-사) 6-1 동화 단원 쓰기 2차시 교수·학습 안

3) 교수-학습 적용 결과

교수·학습 적용은 말·듣 1차시에서 쓰기 6차시까지 6시간이었다. 그러나 이 중에서 2차시에 해당하는 읽기 1차시 적용 결과를 통해 동화교육에 교육 연극 방법을 적용하는 문제에 관해 논의하려고 한다. 읽기 1차시 적용 결과는 다른 차시에 비해 학습자들의 반응이 간단명료하여 교육연극에 대한 학습자 들의 반응을 해석하기 쉬웠기 때문에 선택한 것이다.

(1) 읽기

　　단원 : 16. 상상의 날개를 펴고 (6-1) (2/6) 차시

　　제목 : 까치와 느티나무

　① 동화 의미 파악하기

교　사 : 오늘은 동화를 공부하겠어요. 무슨 동화를 공부할지 읽기 책을 살펴볼까요. 164쪽에 나와 있죠. 동화를 다 읽은 사람은 책을 덮고 눈을 감으세요. 눈을 감고 동화 내용을 떠올리는 겁니다.

학생들 : (교과서 164쪽에서 165쪽을 묵독한다)

교　사 : (돌아다니면서 학생들이 책 읽는 것을 살펴본다) 다 읽은 사람은 책을 덮고, 등장인물의 마음과 성격을 상상해 보세요.

학생들 : (많은 학생이 책을 덮고 눈을 감고 있다)

　② 동화 속 인물 되어 보기(비언어적 활동, 축어적 이해 확인)

교　사 : 이제 눈을 뜨고 선생님 설명을 들으세요. 지금부터는 여러분이 읽은 책의 내용을 몸짓으로 표현해 보겠어요. 말을 하지 않고 몸짓으로 표현하면 등장인물의 마음과 성격을 더 깊이 알 수 있습니다. 그래서 지금부터 5분 동안 표현 활동을 하는데 책의

내용을 바꾸지 않고 그대로 표현해 보세요. 모둠끼리 표현하는 데 먼저 의논을 하고, 의논이 끝나면 몸짓으로 표현해 보세요.

교　사 : (학생들이 서로 의논하는 것을 도와준다)

교　사 : 의논이 끝났으면 몸짓 표현을 해 주세요.

학생들 : (4명씩 한 모둠으로 몸짓 표현을 한다)

교　사 : 몸짓 표현이 끝났으면 165쪽에 인물의 마음과 성격을 쓰세요. 몇 쪽 몇째 줄을 읽고 알았는지도 적어 주세요.

학생들 : (교과서에 기록한다)

교　사 : (학생들이 쓰는 것을 살펴보다가) 성격만 적지 말고, 성격과 마음이 나타난 곳이 어디인지도 적어 주세요.

학　생1,2 : (성격이 나타난 곳을 찾아 적는다)

교　사 : 그럼, 이제 발표를 해 보겠습니다. 아빠 까치의 마음이나 성격이 어떤지, 어디에 잘 나타나 있는지 발표해 주세요? 누가 발표할까?

학생들 : (손을 든다)

교　사 : 선○규!

선○규 : 아빠 까치의 마음이 잘 나타나 있는 곳은 165쪽 둘째 줄에서 셋째 줄로 "그게 무슨 소리요? 이 느티나무가 우리를 몇 대째 품어서 키웠는지 알면서 하는 소리요?"이고 아빠 까치의 성격은 고집이 세고 의리가 강한 성격입니다.

교　사 : 예, 발표 잘했습니다. 이번엔 엄마 까치?

학생들 : (손을 들지 않고 쓰고 있는 학생이 있다.) 아직 안 한 사람도 있군요. 시간이 좀 부족한 것 같죠? 자, 누가 발표할까? 박○정!

박○정 : 저는 164쪽 마지막에서 둘째 줄을 읽고, 엄마 까치가 아기를 생각하는 마음이 지극하다는 것을 알 수 있었습니다.

교　사 : 그 부분을 한 번 읽어 주세요!

박○정 : "여보, 저---. 우리도 이사해야겠어요. 아기 까치들이 자꾸 속이 메슥거리는데요. 그리고 따가워서 눈을 뜰 수도 없대요"

교　사 : 목소리도 아주 크고 발표 내용도 좋습니다. 지금 엄마 까치의 마음과 성격이 잘 드러난 곳을 잘 지적했죠. 이번엔 느티나무의 성격인데--, 느티나무는 말을 하지 않았죠. 그렇지만 느티나무의 마음이 설명된 곳이 있죠. 발표할 사람!

김ㅇ동 : 느티나무는 165쪽 아홉째 줄에서 열한 번째 줄에서 '자기 걱정은 말고 어서 떠나라고 말하고 싶었지만, 목이 메어 말이 나오지 않았습니다.'를 보면 느티나무의 성격은 남을 배려할 줄 아는 성격인 것 같습니다.

교　사 : 다른 생각 있는 사람 있습니까? (학생들을 살펴본다) 양ㅇ모!

양ㅇ모 : 164쪽 여덟째 줄에서 열째 줄까지 "조금 시끄럽기는 하겠지만, 자동차가 지나다닐 테니까 구경거리가 생겨 좋지 않겠니? 그러니 참아야지. 우리가 어떻게 해 볼 수도 없는 일이잖아?" 이 말에서는 느티나무는 구경거리가 많아지므로 볼거리가 많아질 거라고 자기주장만 하고 있습니다.

교　사 : 느티나무는 구경거리가 많아져서 더 좋아질 거로 생각한 걸로 봐서 긍정적인 성격임을 알 수 있다고 했죠. 잘 말했습니다.

③ 새로운 상황 설정하기

교　사 : 그럼 이번에는 책에 나와 있는 내용 말고, 동화의 내용으로 미루어 보았을 때 어떤 상황이 발생할 수 있을지 또는 인물의 성격을 바꾸어서 새로운 이야기를 만드는 활동을 해 보겠습니다. 새로운 상황을 만들 때 사용하는 교육연극 방법으로는 인터뷰하기, 대화하기, 토론하기, 즉흥극 하기 이 네 가지 중에서 하나를 골라서 하시기 바랍니다. 이 방법들은 지난 3월부터 공부했던 거라서 잘 알고 있죠?

학생들 : 예.

교　사 : 그럼 의논하세요. (돌아다니면서 학생들이 의논하는 것을 듣고 조언한다)

('FLY' 모둠 토론 내용)

○희 : (수업 시간에 늦게 들어와 설명을 듣지 못했다) 선생님, 어떻게
　　　　하는 거예요.

교　　사 : 응. 지난번에 '은혜 갚은 까치' 했잖아? 인터뷰하기는 종에 머리
　　　　를 부딪친 까치를 땅에 묻어 주고 있는 나그네를 만나서 질문하
　　　　는 것과 같이하면 되고, 대화하기는 아기 까치를 잡아먹으려는
　　　　구렁이를 지나가던 호랑이 경찰이 뭐하냐고 물어보면서 서로 이
　　　　야기를 주고받는 것을 말하는 거야. 토론하기는 알지?

　○희 : 예.

교　　사 : 그럼 시작해 봐. (다른 모둠에 간다)

　○희 : 야! 내용 바꿔서 하는 거지?

모　　두 : 응

　○희 : 야. 까치가 학교에서 급식을 못 먹고 가난한 형편에 돈을 못
　　　　내서 느티나무가 대신 내주는 거야! 어때?

　○규 : 좀 그렇다.

　○수 : 돈을 주면 돈 나무네.

모두: 하하하

　○규 : ○랑아, 너도 좀 의견 내 봐.

　○랑 : 응, 난 ---- 잘 모르겠어.

　○희 : 그럼 왕따. 왕따 어때?

　○규 : 옳지! 좋은 것이 생각났다. 느티나무는 그 친구가 되어 주는 거야.

　○수 : 그래. 좋은 생각이다. 그럼 나랑 0랑이가 따돌리는 애 할게.

　○규 : 아니야. 1인 2역을 해야겠어. 난 느티나무랑 선생님 할게.

　○수 : 난 학생이랑 엄마 까치.

　○희 : 그럼 난 따돌림 당하는 까치.

모　　두 : 됐어. 해보자.

④ 심미적 체험 확대하기

교　　사 : 교육연극 방법까지 결정되었으면 일어서서 해 보세요. 다른 사람

들이 보고 있다는 생각을 하지 말고 표현해 보세요. 동시에 모두 하는 겁니다.

⑤ 문학적 체험 공유하기

교　사 : 모둠에서 1명씩 나와서 수행 평가지 가져가세요. 이제 모둠별로 돌아가면서 발표하도록 하겠습니다. 나눠 드린 수행 평가지에 기록하면서 봐 주시기 바랍니다. 수행 평가지를 보면 1번은 '친구가 표현한 인물의 마음과 성격은 무엇인가'죠? 내용을 쓰는 겁니다. 2번과 3번은 점수로 표시하는 건데, 잘하면 5점 부족하면 1점을 주세요. 4번은 느낀 점을 쓰세요. 발표할 때는 먼저 무슨 내용이고 사용한 방법이 무엇인지 간단하게 이야기해 주세요. 먼저, '21세기 아이들' 모둠부터 발표하세요.

학생들 : (한 모둠이 발표할 때 다른 학생들은 발표를 보고 수행 평가지에 기록한다)

교　사 : (김0래 모둠을 보고) 너희 모둠 지금 발표할 수 있니?

김ㅇ래 : 아니요. 나중에 하고 싶어요.

교　사 : 그래. 그럼 나중에 하자. 박0희, 너희 모둠 준비됐니?

박ㅇ희 : 예.

교　사 : 그럼, 너희 모둠 발표해 봐.

('FLY' 모둠 발표 내용)

아빠 까치: 박까치! 빨리 학교 가라.

박까치 : 예, 아빠.

박까치 : (학교에서 다른 까치들을 붙잡으며) 야! 우리 같이 놀자.

까 치1 : 야! 만지지 마. 내 옷 더러워져.

까 치2 : 야! 더러워. 옷 좀 빨아라, 그리고 이 냄새는 또 뭐야. 악취.

선생님 : 모두 자리에 앉으세요. 알림장 쓰고, 집으로 가세요. 친구네 집

들리지 말고 곧바로 가세요.

박까치 : (집으로 가는 길) 아휴! 나는 왜 친구가 없는 걸까? (나무 쪽으로
　　　　　 가면서) 나는 더럽지도 않고 깨끗한데.

나　무 : 까치야, 내가　너의 친구가 되어 줄게.

박까치 : 정말이야?

나　무 : 그래

박까치 : 까악 - 까악 -.

('FLY' 모둠 발표 후 토론 내용)

교　사 : 이 모둠에서 발표한 내용에 관해 질문 있는 사람?

양ㅇ모 : 김ㅇ랑하고 김ㅇ수는 역할이 뭐야?

다른 모둠 아이들: (시시한 질문이라고 야유를 보낸다) 야, 그것도 질문이
　　　　　 냐? 에-(야유하는 소리)

교　사 : 조용히 하세요. 어떤 질문도 괜찮으니깐 하세요. 자, 누가 대답할
　　　　 래?

김ㅇ수 : 친구 까치를 따돌리는 역할입니다.

교　사 : 친구가 되어 주는 나무는 아빠 까치랑 같이 사는 그 나무니?

박ㅇ희 : 아니오. 다른 나무예요.

교　사 : 어- 그래. 그럼 나무가 두 그루네.

선ㅇ규 : 예. 그래요.

교　사 : 또, 질문할 사람?

3. 교수-학습 적용 결과에 대한 논의

가. 교육연극 방법을 적용한 동화교육의 효율성

동화 교수·학습 과정과 교수·학습이 끝난 다음 학습자들을 면담한 자료를 토대로 교육연극 방법의 특징에 관해 살펴보려고 한다. 먼저 교육연극 방법을 적용한 동화교육의 효율성 또는 효과에 관해 알아보자.

첫째, 교육연극 방법은 재미있다.

심층 면담 결과 학습자들은 교육연극 방법을 적용한 교수·학습 과정에 관해 대부분 아주 재미있다는 말을 했다. '왜 재미있다고 느꼈을까?'라는 질문에 관해서는 다음과 같이 대답했다.

* 유ㅇ기 – 그냥 공부하면 따분한데 움직이면서 하니 재미있다
* 유ㅇ아 – 친구들과 함께하니 더 재미있다
* 이ㅇ혁 – 행동으로 나타내고 표현해서 재미있다
* 박ㅇ정 – 자기가 직접 하니까 동화가 쑥쑥 들어와서
* 이ㅇ경 – 상상을 많이 할 수 있고, 다른 모둠 아이들이 한 것을 볼 수 있어서
* 선ㅇ규 – 그냥 읽기 공부를 하는 게 아니고 여러 가지 방법으로 하니까

초등학교 학습자들의 특성상 교육연극을 통한 교수·학습 방법은 학습자들에게 큰 호응을 불러일으킨다. 이는 2장에서 논의한 행위 지향 동화교육 방법론이 이론으로만이 아니라 실제로도 효과적인 학습 방법임을 말해 주는 것이다.

둘째, 교육연극 방법은 친구들과 협동학습을 할 수 있게 한다.

다양한 관점에서 동화를 읽게 하고 학습자의 심미적 체험을 확대하려면 동료 학습자들 협의하는 시간이 필요하다. 학습자들은 이 과정을 통해서 좋

든 싫든 친구들과 말을 해야 하므로 서로 양보하고 협동하는 것을 배우게 된다. 물론 시간이 넉넉하지 않아서 충분한 토론이 되는데 어려움이 있다. 학습자들은 각자의 심미적 체험을 공유하는 과정에서 싸우기도 하고, 좋은 아이디어에는 환호를 올리기도 한다. 협동학습과 관련된 학습자들의 응답을 살펴보면 다음과 같다.

> * 박○희 – 친구의 의견을 존중하기 때문에 대부분 의논이 잘 된다
> * 유○아 – 친구들의 의견이 모두 제각기 달라서 잘될 때도 있고 안 될
>   때도 있다
> * 허○진 – 서로 양보해 주고 서로 협동을 하니까 대부분 의논이 잘 된다.
> * 이○정 – 미량이가 같이 하면 잘 되고 같이 안 하면 안 된다.
> * 심○량 – 협동심이 더 커졌다. 원래 ○량이는 이 세상에 있는 만화 빼고
>   다른 것에 별로 관심이 없었는데 협동심이 커진 것 같다.

이○정의 모둠에는 심○량이라는 학습자가 있다. 심○량은 다른 학습자들과 잘 어울리질 못하고, 쉽게 토라지는 특성이 있다. 그래서 모둠 전체 활동이 이루어지지 않는 경우도 있었는데, 이런 이유로 이○정은 위와 같이 말한 것이다. 반면 이○정 학생 바로 밑에 있는 심○량 학생의 이야기를 들어보면 심○량 학생이 얼마나 자기중심적인가를 확인할 수 있다. 그런 학생이 다양한 교육연극 활동을 통해 다른 사람과 협동하는 것이 필요하다는 것을 깨닫고 실천하게 된 것이다.

셋째, 교육연극 방법은 학습자들이 동화에 관심을 두게 하여 동화책을 많이 읽게 한다.

학습자들은 교육연극 활동을 통해 동화를 능동적으로 해석하는 경험을 하게 된다. 그 결과 동화에 관심이 높아져서 독서량이 증가하는 경향을 보였다. 단순하게 책을 많이 읽는 것만이 아니라 동화를 통해 자신의 삶을 되돌아보

는 자아 성찰의 기회가 크게 활성화되어 인성이 발달하는 효과도 있다.

* 정○모 – 책을 읽을 때 등장하는 사람이 왜 그런 행동을 했는지 알아보
　　　　 려는 마음이 생기고 만약 다르게 행동을 한다면 어떻게 될까?
　　　　 하는 생각이 들면서 생각하는 능력이 많이 생긴 것 같다. 교
　　　　 육연극을 통해 공부하게 된 다음부터 어머니와 형은 책임감
　　　　 이 강해지고 어른스러워졌다고 하는데 그것은 동화에 나오는
　　　　 주인공의 좋은 성격을 받아들였기 때문이다.
* 이○경 – 동화책을 많이 읽게 되었다. 전에는 동화책을 별로 보지 않았
　　　　 는데 자기가 상상하여서 이야기를 만드는 것을 해 보고 난
　　　　 뒤 내가 직접 이야기를 꾸며 보았다.
* 강○욱 – 기발한 생각이 많이 나게 되었다. 책을 조금 더 많이 보게
　　　　 되었다. 전보다 이야기 내용을 더 빨리 이해하는 것을 보고
　　　　 엄마도 약간 놀라신다.
* 유○기 – 책과 더욱 가까워진 것 같고 여러 가지 이야기를 읽고 그 내
　　　　 용을 이해하는 것이 더욱 빨리 된다.

　학습자들과 심층면담을 해 본 결과 대부분의 학습자가 교육연극을 통해
동화를 공부한 후 동화를 더 많이 보게 되었다고 응답했다. 학습자들은 교과
서에 제시된 내용을 다른 사람의 시각이 아니라 자기 자신의 시각으로 읽을
수 있다는 것을 교육연극의 특징으로 꼽았다. 학습은 학습자의 능동적인 참
여를 통해 이루어져야 학습 효과가 크며, 그럴 때 학습자 자신의 생활까지
변화시킨다는 것을 확인할 수 있었다.
　넷째, 교육연극 방법은 구체적인 활동을 통해 의미를 스스로 발견할 수
있는 기회를 준다.
　학습자들은 교수·학습 방법으로 연극적 기법을 활용하거나 물체를 활용하
거나 몸짓을 통해 학습하는 것을 매우 좋아한다. 그것은 학습자들이 직접 몸
을 움직이면서 경험하는 가운데 가장 잘 배울 수 있다는 것을 의미한다. 구체

적인 실제 상황 속에서 학습이 이루어질 수 있다면 가장 좋은 학습이 될 것이다. 그러나 모든 교육이 그렇게 진행될 수는 없다. 그러므로 실제 상황에 더욱 가까우면서 안전하고 집약적인 교수·학습이 진행되기 위해서는 실제 생활과 아주 가까운 가상의 상황을 만들어 학습하는 것이 필요하다.

다섯째, 교육연극 방법은 초등교육에서 강조되고 있는 통합교육을 충실하게 추진할 방법이다. 동화교육과 국어과 다른 영역들의 통합은 물론 국어교과와 다른 교과 간의 통합, 학교교육과 학습자 실생활과의 통합을 쉽게 할 수 있기 때문이다. 다른 매체들과 견주어 보면 연극은 다른 장르의 예술 영역을 많이 포함하고 있는 종합예술의 성격이 강하다. 교육연극은 이러한 특징을 교과교육과의 관련 속에서 교수·학습 방법으로 활용하고자 한다면 자연스럽게 교육에 대한 종합적인 안목 즉, 통합교육을 지향하게 되는 것이다.

나. 교육연극 방법을 적용한 동화교육에서 주의점

첫째, 교육연극에 대한 정확한 이해를 바탕으로 활동이 진행되어야 한다. 교사뿐만 아니라 학습자들도 활동할 내용에 관해 정확하게 알고 있어야 한다. 활동 내용을 정확하게 알고 있지 않을 경우 학습자들은 수업과 동떨어진 활동을 하게 되며 창의력을 발휘할 가능성이 줄어들게 된다. 그래서 교사는 활동 내용을 구체적으로 제시해야 하고 학습자들은 궁금한 점이 있으면 꼭 질문하여 교수·학습 내용을 정확히 알고서 가르치고 배워야 한다.

교육연극을 '연극 공연을 이용하여 수업하는 것'으로 단순하게 생각하여 학습자들에게 대본을 쓰게 하거나 교사가 대본을 준비한 다음, 대본을 암기시키고, 배우들이 무대에서 하는 것처럼 과장된 몸짓과 목소리로 그럴듯하게 연기하게 하는 경우를 종종 보게 된다. 여기에서 사용되는 몇 가지 것들이 교육연극에 전혀 포함되지 않는 것은 아니지만, 교과교육과 관련하여 교육연극을 논할 때는 연극 공연이 아니라 연극적 기법을 통해 교과교육에서 지향

하는 것에 도달하도록 하는 교수-학습 방법이라는 인식이 꼭 필요하다.

교과교육과 연관시키기 위해서 교사가 주도적으로 학습자들의 활동을 제약하거나 끌고 가는 경우도 있는데, 이 또한 교과교육과 관련된 교육연극이라 하기 힘들다. 학습자들이 교수-학습 내용과 관련이 다소 떨어지는 활동을 하더라도 교사가 판단할 때 학습자들이 의미 있는 활동을 하고 있다고 생각되면 활동을 계속할 수 있도록 해 주어야 한다. 오히려 교사가 그들의 활동에서 교수-학습 계획에는 없었지만, 교수-학습과 관련된 중요한 내용을 찾을 수도 있다. 하지만 학습자가 교사의 안내나 설명을 오해하고 전혀 엉뚱한 활동을 하는 경우엔 이 시간 교수-학습 내용과 방향에 관해 다시 한 번 정확하게 안내할 필요가 있다. 결국, 중요한 것은 교육연극에 대한 몇 가지 기법들을 교수-학습에 활용하는 것이 아니라 우리 아이들을 잘 가르치는 것이 무엇인가에 대한 높은 안목을 토대로 교육연극 방법들을 활용하는 것이다.

둘째, 활동한 내용에 관해 묻고 대답하는 시간이 있어야 한다.

심미적 교감을 공유하는 활동이 끝나면 다른 학습자들에게 보여준 자신들의 활동에 관해 교류하는 시간을 주어야 한다. 학습자들이 다른 학습자들에게 보여준 내용은 보여주려고 준비한 것이 아니라 자기가 하고 싶은 대로 한 것이기 때문에 표현한 내용에 관해 정확하게 알지 못할 경우가 있다. 장ㅇ욱 어린이가 아래와 같이 말한 것은 이런 이유 때문이다.

* 장ㅇ욱 – 성격을 표현하는 것이 어렵다.
* 심ㅇ량 – 일어나서 발표하는 것이 어렵다.

학습자들은 일어나서 발표하는 것을 싫어한다. 많은 사람 앞에서 발표하는 것은 두렵기도 하고 실패의 경험 때문에 그럴 수도 있다. 그렇지만 학습자들은 일어나서 발표하는 활동을 통해 다른 사람들과 상호 작용함으로써 자신감을 비롯하여 많은 것을 배울 수 있다. 심ㅇ량은 다른 사람들과 어울리는 것을 매우 싫어하고 자기가 하고 싶은 것만 하려고 한다. 이런 학습자들에게 의도적으로 발표할 기회를 줌으로써 자기중심적인 사고방식을 발전시키도록 해야 한다. 이런 점에서 교육연극 방법은 이를 자연스럽게 이루어지도록 해 준다.

셋째, 교과서에 실리는 동화 내용이 다양한 생각을 불러일으킬 수 있는 것이면 더 좋겠다. 동화의 사건이 비록 간단한 것일지라도 학습자들에게 시사하는 바가 큰 것을 텍스트로 선택하여야 한다. 이 점은 교과서를 집필하는 과정에서 반드시 고려되어야 할 것이다.

넷째, 동화를 읽고 공부할 수 있는 활동 시간을 충분히 주어야 한다.

초등학교에서 가르쳐야 할 내용은 주어진 시간에 비해 너무 많다. 그 때문에 시간과 진도에 늘 쫓기게 된다. 현실적으로 가능한 방법은 동화를 여러 권 읽는 것보다는 짧은 동화 한 편을 읽고 공부하거나 동화 내용 전체보다는 어느 한 부분만 선택하여 공부하는 것이 필요하다.

다섯째, 교사는 학습자들의 활동 내용 중에서 교육적으로 의미가 있는 내용을 파악할 수 있어야 한다. '교육은 교사의 수준을 넘어설 수 없다'는 말이 있다. 교육연극도 교육연극에 대한 높은 안목을 가지고 학습자들의 활동을 주의 깊게 관찰하고 교수·학습과 관련지어 파악할 수 있어야 한다.

여섯째, 교육연극 방법은 학습자뿐만 아니라 학부모, 동료 교사, 학교장과 교육연극에 대한 이해를 바탕으로 해야 한다.

교육연극 방법은 어느 한 교실에서만 이루어지는 것이 아니라 학교 전체, 더 나아가 학습자의 생활 속까지 깊은 영향을 미치기 때문에 많은 사람의 협조가 필요하다. 교육연극 방법 중 한 가지 기법인 어느 '역할 놀이' 학습은 1주일 이상 어느 한 교실뿐만 아니라 학교와 지역사회 전체의 협조 속에서 성공적으로 이루어지기도 하였다[43].

---

43) Douglas Selwyn, Arts & Humanities in the social studies, NCSSP publicationd, 1995. pp.30-32.

VII. 결론

학습자들은 동화를 학습함으로써 상상력과 창의력을 기를 수 있고, 정서적인 면과 인성교육은 물론 국어과 교육의 핵심적 과제인 학습자의 '창의적 국어사용 능력 향상'을 도모할 수 있다. 하지만 학교 현장에서 이루어지고 있는 교육과정을 살펴보면 교사 중심으로 교과서에 실린 동화 내용을 파악하는 활동이 주를 이루고 있다. 물론 동화를 읽고 그 내용을 분석적으로 파악하는 일도 필요하겠지만 이를 동화 교수·학습의 중심 활동으로 하다 보니 학습자들이 동화를 통해 '상상력', '창의력', '정서적인 면', '창의적인 국어사용 능력 향상'과 같은 것들을 학습하는 일은 사실상 어려운 실정이다.

이 글에서는 이러한 문제를 해결하기 위한 교수·학습 방법으로 교육연극을 고찰하였다.

먼저 동화의 본질과 교육방법에 관해 살펴봄으로써 교육연극 방법을 적용하는 이론적 근거를 살펴보았다. 그리고 행위 지향 문학교수법의 관점에서 동화교육 방법을 연구하는 까닭을 알아보고, 동화교육 방법으로 교육연극을 적용하는 준거를 고찰하였다.

동화교육에 적용하는 교육연극 방법에는 연극놀이와 판토마임, 마임과 같은 비언어적 방법, '인터뷰하기', '대화하기', '토론하기', '즉흥 표현하기'와 같은 언어적 방법을 제시하였다.

국어과 문학 영역과 관련된 선행 교수·학습 모형들을 살펴보고, 개선점을 논의한 다음 교육연극을 적용한 동화 교수·학습 모형을 구안하였다. 교육연극을 통한 동화 교수·학습 절차는 '동화의 의미 파악하기', '동화 속 인물 되어보기', '새로운 상황 설정하기', '심미적 체험 확대하기', '문학적 체험 공유하기'와 같은 5단계로 제시했다. 단계별 활동의 중점은 '레포 형성', '심미적 교감',

'다양한 관점에서 동화보기', '상상력·창의력 동원하기', '즉흥극으로 표현하기'이다. 전 학년을 저·중·고로 나누어 각 단계의 특성과 교육 현장의 실정에 맞게 동하 교수-하습 안을 마련하고 이를 적용하는 과정에서 사용하는 수행평가 방안도 제시하였다.

본 연구에서 구안한 교수-학습 모형을 현장에 적용하여 그 양상을 관찰, 분석, 해석하여 다음과 같은 결과를 얻었다. 교육연극을 통한 동화교육에는 많은 특징이 있는데 그중에서 몇 가지를 살펴보면 '재미있다', '친구들과 협동 학습을 할 수 있게 한다', '학습자들이 동화에 관심을 두게 하여 동화책을 많이 읽게 한다', '구체적인 활동을 통해 의미를 스스로 발견할 기회를 준다', '초등교육에서 강조되고 있는 통합교육을 충실하게 추진하는 방법이다'라는 것을 알 수 있었다. 동화교육에 교육연극을 적용할 때 주의해야 할 점으로는 '교육연극에 대한 정확한 이해를 바탕으로 활동이 진행되어야 한다', '활동한 내용에 관해 묻고 대답하는 시간이 있어야 한다', '동화 내용이 다양한 생각을 불러일으킬 수 있어야 한다', '활동 시간을 충분히 주어야 한다', '교사는 학습자들의 활동 내용 중에서 교육적으로 의미가 있는 내용을 파악할 수 있어야 한다', '교육연극 방법은 학습자뿐만 아니라 학부모, 동료 교사, 학교장과 교육연극에 대한 이해를 바탕으로 해야 한다'가 있다.

교육연극을 통한 동화교육 방법은 학습자들이 동화 텍스트를 더욱 재미있게 공부할 수 있도록 해주며, 동화를 더욱 생생하고, 능동적이고, 창의적으로 구성할 수 있게 해 준다. 그래서 교육연극 방법이 적용된 동화교육은 동화교육의 본질을 실현하는 일에 크게 이바지하리라 기대된다.

참고문헌

1. 자료

교육부 (1999), 초등학교 교육과정 해설(Ⅲ), 대한교과서주식회사.

교육부 (1999), 초등학교 국어 읽기 교과서 1-6학년 12권, 국정교과서주식회사.

교육부 (1999), 초등학교 국어 교사용지도서 1-6학년 12권, 국정교과서주식회사.

국립교육평가원 (1996), 수행평가의 이론과 실제, 대한 교과서 주식회사

박민수 (1999. 7. 5), 경계를 가로지르는 '다층적 연구'의 가능성, 교수신문.

2. 단행본

강인애 (1997), 왜 구성주의인가?, 문음사.

강인애 외 (1999), 구성주의와 교과교육, 문음사.

구인환 외 (1988), 문학교육론, 삼지원.

김기창 외 (1988), 전래동화 교육론, 집문당.

김대행 (1993), 문학이란 무엇인가, 문학사상사.

김대행 (1995), 국어교과학의 지평, 서울대학교출판부.

김상욱 (1996), 소설교육의 방법 연구, 서울대학교출판부.

김수업 (1998), 국어 교육의 길, 나라말.

김요섭 (1985), 현대동화의 환상적 탐험, 한국문연.

김용심 (1994), 선생님 우리 연극해요, 보리.

김욱동 (1988), 대화적 상상력, 문학과지성사.

김유미 (1998), 온몸으로 하는 학습, 도서출판 진우.

김춘일 (1999), 창의성 교육, 그 이론과 실제, 교육과학사.

문학교육학회 (1998), 문학교육학 여름, 태학사.

문학과교육연구회 (1999), 문학과 교육, 봄 제7호, 한국교육미디어.

민병욱 (1995), 연극읽기, 삼영사.

박갑수 (1995), 우리말, 바로 써야 한다123, 집문당.

박붕배 (1996), 최신 국어과 교육의 이론과 현장의 조명, 한샘.

박상재 (1998), 한국 창작동화의 환상성 연구, 집문당.

박성익 (1988), 수업방법연구, 교육과학사.

박영목 외 (1997), 국어과 교수 학습 방법 탐구, 교학사
박영목 외 (1997), 국어교육학 원론, 교학사.
박인기 외 (1999), 국어과 수행평가, 삼지원
박화목 (1990), 유아발날과 동화연구, 상학출판사.
서울대학교 국어교육연구소 (1999), 국어교육학 사전, 대교출판.
신헌재 외 (1994), 학습자 중심의 국어교육, 서광학술자료사.
신헌재 외 (1996), 국어교육학개론, 삼지원.
손동인 (1984), 한국 전래 동화 연구, 정음문화사.
석용원 (1983), 동화구연의 이론과 실기, 백록출판사.
석용원 (1989), 유아동화의 구연교육, 학연사.
심덕보 (1994), 수업분석의 실제, 예원당.
안치운 (1996), 연극제도와 연극읽기, 문학과지성사.
안치운 (1997), 연극 감상법, 대원사.
안치운 (1998), 한국 연극의 지형학, 문학과지성사.
오제명 (1993), 브레히트의 교육극, 한마당.
소꿉놀이 (1994), 연극으로 만드는 신나는 교실, 내일을 여는 책.
소꿉놀이 (1998), 내맘대로 할 꺼야, 한국 가이던스.
윤여탁 (1998), 시교육론 · II, 서울대학교출판부.
이근삼 (1988), 연극개론, 문화사상사.
이근홍 (1970), 창조성 개발교육, 평화출판사.
이남복 (1996), 연극사회학, 현대미학사.
이대규 외 (1997), 문학교육학 가을, 태학사.
이돈희 외 (1995), 교과교육학 탐구, 교육과학사.
이완기 (1996), 초등영어교육론, 문진당.
이용숙 · 김영천 외 (1998), 교육에서의 질적 연구: 방법과 적용, 교육과학사.
이원수 (1988), 아동 문학 입문, 웅진출판.
이원수 (1988), 동시 동화 작법, 웅진출판.
이원수 (1988), 아동과 문학, 웅진출판.
이홍우 (1999), 증보 교육과정탐구, 박영사.
이환기 (1998), 헤르바르트의 교수이론, 교육과학사.
임창재 (1994), 수업심리학, 학지사.
장시기 (1996), 포스트모던 시대의 문학과 언어, 동인

조문제 (1996), 말하기 · 듣기 교수 · 학습의 이론과 방법, 교학연구사.

조용환 (1999), 질적연구: 방법과 사례, 양서원.

전경욱 (1992), 민속극, 한샘.

전은주 (1999), 말하기 듣기 교육론, 박이정

차봉희 (1993), 독자반응비평. 고려원.

천경록 외 (1997), 읽기 교육의 이해, 우리교육.

최명환 외 (1997), 국어교육학개론, 삼지원.

하청호 외 (1994), 아동문학, 정민사.

학교극 · 청소년극연구회 (1995), 학교극 · 청소년극, 성문각.

한순미 (1998), 비고츠키와 교육, 교육과학사.

한준상 외 (1988), 교육과정논쟁, 집문당

허창운 (1993), 현대문예학개론, 서울대학교 출판부.

황정규 (1998), 학교학습과 교육평가, 교육과학사.

황용길 (1999), 열린교육이 아이들을 망친다, 조선일보사.

황정현 외 (1996), 문학의 이해, 느티나무.

황정현 외 (1998), 초등 국어과 교육론, 박이정.

3. 논문

경규진 (1993), 반응 중심 문학교육의 방법 연구, 박사학위논문, 서울대학교.

권영호 (1997), 교과서 수록 창작 동화의 분석 및 지도 방법 연구, 석사학위논문. 한국교원대학교.

권진아 (1997), 총체적 언어교육을 적용한 아동문학 교육방법 연구, 석사학위논문. 한국교원대학교.

김대행 (1997), 영국의 문학교육 – 연극을 중심으로, 한국문학교육학회, 8, 31-46.

김명실 (1998), 이야기 활동을 통한 창의성 계발에 관한 연구, 석사학위논문, 고려대 학교.

김명숙 (2000), 수행평가의 질관리 방안의 탐색, 수업과 수행평가의 개선을 위한 질적 연구방법의 활용 – 한국교육과정평가회 2000 학술세미나 자료집, 한국교육과 정평가원.

김명희 (2000), 한국동화의 환상성 연구, 박사학위논문, 전주대학교.

김 선 (1997), 교육연극에서의 리더의 접근방식 연구, 석사학위논문, 중앙대학교.

김 완 (2000), 수준별 교육과정에서의 쓰기 교수·학습 양상에 관한 참여 관찰 연구, 석사학위논문, 한국교원대학교.

김종희 (1986), 동화의 전달 방법이 유아의 동화 내용 기억에 미치는 영향 연구, 석사학위논문, 이화여자대학교.

김한종 (1994), 역사학습에서의 상상적 이해, 박사학위논문, 서울대학교.

김혜숙 (1989), 한국아동극의 교육적 활용에 관한 연구, 석사학위논문, 한양대학교.

김희숙 (1989), 역할놀이 활동이 아동의 사회성에 미치는 영향, 석사학위논문, 이화여자대학교.

남청자 (2000), 교육연극 방법을 통한 말하기 교육 연구, 석사학위논문, 서울교육대학교.

박성철 (1990), 아동극의 교육적 활용 방안에 관한 연구, 석사학위논문, 중앙대학교.

박인기 (1994), 문학교육과정의 구조에 관한 연구, 박사학위논문, 서울대학교.

박현주 (1998), 구성주의 관점에서 교수-학습의 재개념화, 교육과정연구, 16(2) 277-295.

배창빈 (1999), 말듣기·말하기 수행 평가 기준 연구, 석사학위논문, 서울교육대학교.

서근원 (1997), 초등학교 "토의식 수업"의 문화기술적 연구, 석사학위논문, 서울대학교.

서옥분 (1999), 아동문학을 활용한 초등학교 수학 수업안 개발 연구, 석사학위논문, 덕성여자대학교.

서현석 (2000), '말하기/듣기/쓰기' 수업양상 연구, 석사학위논문, 한국교원대학교.

양점렬 (1994), 창작동화의 문학적·교육적 가치와 지도 방법에 관한 연구, 석사학위논문, 한국교원대학교.

오연주 (1987), 극화놀이의 효과연구, 석사학위논문, 이화여자대학교.

이민자 (1996), 한국 전래동화를 통한 창의성 개발에 관한 연구, 석사학위논문, 건국대학교.

이윤남 (1999), 전래동화의 교재화 양상 연구, 석사학위논문, 인천교육대학교.

이상구 (1998), 학습자 중심 문학 교육 방안 연구, 박사학위논문, 한국교원대학교.

이수동 (1998), 시교육 매체로서의 연극적 방법 적용 연구, 석사학위논문, 서울교육대학교.

이재기 (1997), 작문 학습에서의 동료평가활동 과정 분석, 석사학위논문, 한국교원대학교.

이재옥 (1998), 구조 분석을 통한 동화교재 지도방안, 석사학위논문, 서울교육대학교.

이정숙 (1997), 인지적 도제를 통한 작문교육 연구, 석사학위논문, 한국교원대학교.

이주섭 (1998), 범교과적 쓰기 지도에 관한 연구, 석사학위논문, 한국교원대학교.

이춘희 (1996), 동화제시 및 질문유형이 유아의 창의성과 동화구조이해에 미치는 영향, 박사학위논문, 서울여자대학교.

이혁규 (1996), 중학교 사회과 교실 수업에 대한 일상생활기술적 사례 연구, 박사학위
　　　논문, 서울대학교.

이희정 (1999), 초등학교의 반응중심 문학교육 방법 연구, 석사학위논문, 한국교원
　　　대학교.

정옥주 (1997), 동화를 통한 탐구활동이 유아의 창의성에 미치는 영향, 석사학위논문,
　　　중앙대학교.

정재희 (1998), 창작 동화의 유형분석 및 그 교육적 활용에 대한 연구, 석사학위논문,
　　　대구교육대학교.

조용환 (1998), 질적 연구와 양적 연구, 교육연구의 질적 접근, 그 방법과 쟁점 (교육인
　　　류학연구회 1998년도 춘계학술대회 자료집), 교육인류학연구회.

최경희 (1993), 동화의 교육적 응용에 관한 연구, 박사학위논문, 한국교원대학교.

최윤정 (1995), 연극놀이의 교육적 효용성 연구, 석사학위논문, 경성대학교.

최지영 (1993), 역할연기의 교육적 활용에 관한 연구, 석사학위논문, 동국대학교.

황정현 (1998), 제6차 교육과정 적용에 있어 문학 교육의 문제, 한국어교육 제13호.

황정현 (1999a), 드라마의 인지과정 이해, 문학교육학 제3호, 한국문학교육학회,

황정현 (1999b), 문학교사, 오늘과 내일, 한국문학교육학회.

황정현 (1999c), 총체적 언어교육 방법론으로서의 교육연극의 이해, 한국초등국어교
　　　육 제15집, 한국초등국어교육학회.

황정현 (2000), 비언어적 활동을 통한 동화교육 방법론, 한국초등교육 제11권 제2호,
　　　서울교육대학교.

4. 번역서·외서

고영희·조주연 역 (1986), 오른쪽·왼쪽 뇌기능을 활용한 수업기술(Ⅱ), 교육과학사.

김경연 역 페터 뷔르거 (1989), 미학 이론과 문예학 방법론, 문학과지성사.

김붕구 역 장 폴 사르트르 (1989), 문학이란 무엇인가, 문예출판사.

김의철 (1997), 문화와 사고, 교육과학사.

나병철 역 (1986), 문학교육론, 문예출판사.

민혜숙 역 (1985), 민중연극론, 창작과 비평사.

박미리 역 (1996), 연극의 본질, 집문당.

박수자 외 (1999), 급진적 구성주의, 원미사.

박화목 역 L. H. Smith(1994), 아동교육론, 새문사.

백상창 역 칼빈, S, 홀 저, 프로이트 심리학 입문, 문예출판사.

신헌재 편역 로버트 화이트헤드 (1994), 아동문학교육론, 범우사.

심우성 역 (1996), 마르셀 마르소, 예니.

원재길 역 마틴 에슬린(1987), 드라마의 해부, 청하.

조연주 외 (1997), 구성주의와 교육, 학지사.

차봉희 역 (1995), 구성주의 문예학, 민음사.

천병희 역 아리스토텔레스 (1991), 시학, 문예출판사.

추병완 외 역 (1999), 구성주의 교수·학습론, 백의.

황정현 역 낸시 킹 (1998), 교육연극방법, 평민사.

Andrew Wrigh t(1996), *Games for Language Learning*. Cambridge University.

Betty Jane Wagner (1998), Educational Drama and Language Arts, Heineman.

Carole Edelsky et al (1991), *Whole Language*. Heinemann.

Cox, C (1996), *Teaching Languagr art: A student-and response-centerd* classroom
     (2th ed.), Boston: Allyn & Bacon.

David Nunan (1995), *Language Teaching Methodology*. Phoenix ELT.

Douglas Selwyn (1995), Arts & Humanities in the social studies. NCSSP
     publicationd.

Fanie R Shaftel et al (1982), *Role Playing in the Curriculum*. Prentice-Hall.

Friederike Klippel (1996), Keep *Talking*. Cambridge University.

Gertrud Schattner & Richard Courtney(1981a), Drama in Therapy(volume I :
     Children). NY: Drama book specialists.

_____ (1981b), Drama in Therapy(volume II :
     Adults) NY: Drama book specialists.

James Moffett et al(1991), *Student Centered Language Arts K-12*. Boynton/Cook.

John Warren Stewig et al(1994), *Dramatizing Literature in Whole Language*
     Classrooms. Columbia University.

June Cottrell (1987a), *Creative Drama In The Classroom Grade 1-3*. Lincolnwood.

_____ (1987b), *Creative Drama In The Classroom Grade 4-6*. Lincolnwood.

Karolides, N. J.(1997), The reading process: Trasactional theory in action. In:
     N. J. Karoildes(Ed.), *Reader response in elementary classrooms*.
     NJ: Lawrence Eribaum Associates, Inc.

Ken Goodman(1986), *What's whole in whole language?* Heineman.

Kenneth S. Goodman(1987), *Language and Thinking in School.* Richard C. Owen.

King N(1993), *Storymaking & Drama:* An approach to Teaching Language & Literature at the Secondary & Postsecondary Levels, Postmouth NH: Heineman.

Langer, J. A.(1991), *Discussion as exploration: Literature and the horizon of possibilities.* Report series 6.3. Albany, NJ: National ResearchCenter on Literature Teaching and Learning. (ERIC Document Reproduction Service No. ED 350 604)

Lauren Leslie & Mary Jett-Simpson(1997), *Authentic Literacy Assessment.* Longman.

Low Willett stanek(1993), *Whole Language: Literature, Learning, And Literacy.* The H. W. Wilson Company.

Nellie McCaslin(1996), *Creative Drama in the Classroom and Beyond.* Longman.

Penny ur(1996), *Discussions that work.* Cambridge University Press.

Reigeluth, C. M. (1996), A new paradigm of instructional system design. *Educational Technology.* 36:3 13-20.

Richard Courtney(1989), *Play, Drama & Thought.* Simon & Pierre.

_____ (1990), *Drama and Intelligent.* McGoll-Queen's University.

Rosenblatt (1990), Retrospect. In E. J. Farrell, & J. R. Squire(Eds.), *Transaction with literature.* IL: NCTE.

_____ (1993), The literary transaction: Evocation and response. In K. E.Holland, R. A. Hungerford, & S. B. Ernst(Eds.), *Journeying: Children responding to literature.* NH:Heinemann.

_____ (1994), *The reader, the text, the poem:* The transactional theory of the literary work, Southern Illinois University Press. (Original work published in 1978)

_____ (1995), *Literature as exploration*(5th ed.). NY: The Modern Language. (Original work published in 1938).

Ruth Beall Heinig(1992), *Improvisation with Favorite Tales.* Heinemann.

Stahl, R. J(1995), Cooperative learning: A language arts context and an overview. In R. J. Stahl(Ed.), *Cooperative learning in language arts.* CA: Addison-Wesley Publishing Company.

William M. Painter(1994), *Storytelling*. Library Proffessional Publication.

日本演劇敎育聯盟 編集 (1984),『演劇と教育』第10月号. 晩成書房.
_____ (1989),『演劇と教育』第12月号. 晩成書房.
_____ (1989),『演劇敎育入門』. 晩成書房.
_____ (1990),『演劇と教育』第1月号. 晩成書房.
_____ (1990),『演劇と教育』第2月号. 晩成書房.
日本大學藝術學部 演劇學科 編集(1989).『演劇創造』第18号. 株式會社 東京企劃印刷.
岡田純子 外,『屋外の劇あそび』. 玉天大學出版部.
小野眞理子 外,『音樂リズムの劇あそび』. 玉天大學出版部.
小川洋子 外,『日常保育の劇あそび』. 玉天大學出版部.
　　　　　　　『ものを使った劇あそび』. 玉天大學出
片庭萬里子 外,『人形を使った劇あそび』. 玉天大學出版部.
食反田美惠子 外,『お誕生會の劇あそび』. 玉天大學出版部.